29 **Die Rues Basses**
29 15 Place de la Fusterie ★ [K9]
30 16 Place du Molard ★ [K9]
30 17 Rue de la Madeleine ★ [K9]

31 **Rive Gauche**
31 18 Jardin anglais ★★ [L9]
31 19 Jet d'eau ★★★ [M8]
32 20 Pierres du Niton ★ [L8]
32 21 Parcs La Grange und Eaux-Vives ★★ [O8]
33 22 Plage des Eaux-Vives ★★ 🦋 [N8]
34 23 Genève-Plage ★ [P6]
34 24 Eaux-Vives ★ [M9]
35 25 Musée d'Histoire Naturelle ★ [M10]

35 **Rive Droite**
35 26 Les Pâquis ★ [K7]
36 27 Monument Brunswick ★ [K8]
36 28 Hôtel Beau-Rivage ★ [L7]
37 29 Bains des Pâquis ★★ [M7]
38 30 Parc Mon Repos und Parc Barton ★★ 🦋 [L5]
39 31 Conservatoire et Jardin Botanique ★★★ 🦋 [K4]
40 32 Saint-Gervais ★ [J8]
40 33 Quartier des Grottes (Les Schtroumpfs) ★ [I7]

41 **Um die Place Neuve**
41 34 Victoria-Hall und Grütli ★ [J9]
42 35 Grand Théâtre ★ [J9]
43 36 Musée Rath ★★ [J9]
43 37 Parc des Bastions und Mur des Réformateurs ★★★ 🦋 [K10]

45 **Plaine de Plainpalais und Umgebung**
46 38 Place Rond Point de Plainpalais ★ [J10]
46 39 Musée d'Art Moderne et Contemporain – MAMCO ★ [I10]
46 40 Patek Philippe Museum ★★★ [I10]
47 41 MEG – Musée d'Ethnographie de Genève ★★★ [I10]
47 42 La Jonction ★★ [G10]

49 **Entdeckungen außerhalb**
49 **Zone Internationale**
49 43 Palais des Nations ★★★ [J3]

Cleveres Nummernsystem

Die Sehenswürdigkeiten sind im Text und im Kartenmaterial mit derselben **magentafarbenen ovalen Nummer** 1 markiert. Alle anderen Lokalitäten wie Geschäfte, Restaurants usw. tragen ein **Symbol und eine fortlaufende rote Nummer** (1). Die Liste aller Orte und die Zeichenerklärung befinden sich im Anhang.

🦋 Der Schmetterling ...

... zeigt an, wo man Angebote im Bereich des nachhaltigen Tourismus findet.

Bewertung der Sehenswürdigkeiten

★★★ nicht verpassen
★★ besonders sehenswert
★ wichtig für speziell interessierte Besucher

Planquadrat im Kartenmaterial

[A1] Orte ohne diese Angabe liegen außerhalb unserer Karten. Ihre Lage kann aber wie die aller Ortsmarken mithilfe der begleitenden Web-App angezeigt werden (s. Anhang).

Updates zum Buch
www.reise-know-how.de/citytrip/genf23

Vorwahlen
- für die Schweiz: 0041
- für Genf: 022

51 (44) Musée Ariana ★★ [I3]
51 (45) Musée international de la Croix-Rouge et du Croissant-Rouge ★★ [I3]
52 Henri Dunant und das Rote Kreuz

53 (46) Carouge ★★★ [I13]
54 (47) EM-Stadion Stade de Genève ★ [G15]
55 Servette Genf
56 (48) Cologny ★★ [R6/7]
57 (49) Hermance ★
58 Die Weinregion Genf
60 (50) CERN ★

61 Genf erleben

62 Genf für Kunst- und Museumsfreunde
65 Genf für Genießer
72 Genf am Abend
76 Genf zum Stöbern und Shoppen
78 Süße Lust: Schweizer „Schoggi"
80 Käsekauf leicht gemacht
85 Genf zum Durchatmen
88 Zur richtigen Zeit am richtigen Ort
90 Die Escalade

91 Genf verstehen

92 Genf – ein Porträt
93 „Smoke on the Water"
96 Genfs Wappen
97 Von den Anfängen bis zur Gegenwart
101 Leben in der Stadt
105 Die „Stadt in der Stadt": UNO-Sitz Genf
107 Comics und Graffiti: Bunte Kunst in Genf

111 Praktische Reisetipps

112 An- und Rückreise
113 Autofahren
114 Barrierefreies Reisen
114 Diplomatische Vertretungen
114 Ein- und Ausreisebestimmungen
115 Elektrizität
115 Geldfragen
115 Genf preiswert
116 Informationsquellen
117 Unsere Literaturtipps
118 Internet
118 LGBT+
119 Mit Kindern unterwegs
120 Medizinische Versorgung
121 Notfälle
121 Öffnungszeiten
121 Post
122 Radfahren
122 Sicherheit
122 Sport und Erholung
123 Sprache
124 Stadttouren
125 Telefonieren
125 Unterkunft
129 Verkehrsmittel
130 Wetter und Reisezeit

131 Anhang

132 Kleine Sprachhilfe
135 Impressum
136 Register
139 Liste der Karteneinträge
144 Genf mit PC, Smartphone & Co.
144 Zeichenerklärung

Die kleinste Weltmetropole

Unsere erste Begegnung mit Genf – im Rahmen der Recherchen für einen Band über die „EM-Städte und -Stadien 2008" – war eine dicke Überraschung: Genf, die „kleinste Weltmetropole", passt nämlich gar nicht recht ins Schweizer Idyll: International und stärker französisch als schweizerisch geprägt – auch was die Sprache angeht –, mondän und elegant präsentiert man sich hier, gleichzeitig ist alles laut und chaotisch, multikulturell und bunt. Das Laisser-faire, die grandiose Lage am Lac Léman vor der Kulisse des Mont-Blanc-Massivs sowie die kulinarische und künstlerische Szene sind nur einige der Gründe, immer wieder hierher zurückzukehren.

Natürlich haben wir inzwischen unsere Lieblingsplätze, zum Beispiel La Jonction 42, wo Rhône und Arve zusammenfließen, den Jardin Botanique 31 und die Parks an der Rive Gauche (s. S. 31) mit dem Rosengarten (ideal für ein Picknick!), den Flohmarkt in Plainpalais (s. S. 45), wo auch mehrere Museen – darunter das MEG 41 – locken, oder Les Grottes 33, das bunte Szeneviertel mit tollen Wandmalereien. Das konzeptionell neu gestaltete MAH 13 muss man gesehen haben, genau wie man die Bains des Pâquis 20 erlebt haben muss, ein Seebad, das der neuen Plage des Eaux-Vives 22 noch immer den Rang abläuft.

Trotz der reichlichen Auswahl an Hotels im Zentrum ziehen wir bei der Wahl des Urlaubsquartiers inzwischen den ruhigeren Ortsteil Carouge 46 vor, nur 15 Minuten mit der Straßenbahn von der Innenstadt entfernt und doch eine komplett andere Welt: sardisch geprägt, mit idyllischer Dorfatmosphäre, Bauernmarkt und ausgefallenen Shops, gemütlichen Cafés und guten Restaurants.

Die Autoren

Margit Brinke und **Peter Kränzle** sind promovierte Klassische Archäologen und seit 1995 als freiberufliche Journalisten und Buchautoren tätig. Sie machten sich durch über 100 Publikationen bei Buchverlagen einen Namen. Im Reise Know-How Verlag liegen von ihnen in den Reihen CityTrip und CityTrip Plus zahlreiche Stadtführer zu verschiedenen, überwiegend amerikanischen, aber auch einigen europäischen Zielen, vor. Artikel zu Reise-, Sport- und Kulturthemen erscheinen regelmäßig in diversen Zeitungen, Magazinen und auf Websites. Auf dem eigenen Blog (http://travelingtramps.blogspot.com) berichten sie von unterwegs. 2018 erhielten sie auf der größten US Travel Show den „IPW Travel Writer Award".

140ge Abb.: mb

CITY|TRIP
GENF

Inhalt

1 Die kleinste Weltmetropole
1 Die Autoren

7 Genf entdecken

8 Willkommen in Genf
10 Kurztrip nach Genf
12 Stadtspaziergang

13 An der Rhône
13 ❶ Île Rousseau ★ [K8]
14 ❷ L'Île ★ [J8]

15 Vieille Ville – Genfs Altstadt
15 ❸ Musée Tatiana Zoubov ★ [J9]
16 Albert Gallatin – oder: Ein Genfer macht Karriere
17 ❹ Maison Rousseau et Littérature – MRL ★ [K9]
17 ❺ L'Hôtel de Ville – Rathaus ★★ [K9]
18 Jean-Jacques Rousseau – seiner Zeit voraus
20 ❻ Promenade de la Treille ★ [K10]
20 ❼ Maison Tavel ★★ [K9]
21 ❽ Musée Barbier-Mueller ★ [K9]
21 ❾ Cathédrale Saint-Pierre ★★★ [K9]
23 ❿ Site Archéologique ★ [K9]
23 L'Auditoire Calvin
24 Die Wurzeln der Reformation
25 ⓫ Musée International de la Réforme ★★★ [K9]
25 ⓬ Place du Bourg-de-Four ★★ [K10]
27 ⓭ MAH – Musée d'Art et d'Histoire ★★★ [L10]
28 ⓮ Quartier des Tranchées ★ [L10]

MUSÉE
D'ART
D'HISTOIRE
COME TO MAHMAH
MUSÉE D'ART ET D'HISTOIRE
RUE CHARLES-GALLAND 2
CH-1206 GENÈVE
T +41 (0)22 418 26 00
MAHMAH.CH
MAHMAH.CH/BLOG
MAHMAH.CH/COLLECTION
MAHGENEVE
Un musée
Ville de Genève
geneve.ch
VILLE DE
GENÈVE

NICHT VERPASSEN!

9 Cathédrale Saint-Pierre [K9]
Die imposante Kathedrale lohnt schon wegen des Ausblicks vom Turm, dazu zeigt die Sité Archéologique 10 im Untergrund Fundstücke, die bis ins 4. Jh. zurückreichen (s. S. 21).

13 MAH – Musée d'Art et d'Histoire [L10]
Dieses Kunstmuseum ist wegen der ungewöhnlichen Ausstellungskonzeption und der Werke von Ferdinand Hodler ein Muss für Kunstfreunde (s. S. 27)!

19 Jet d'eau [M8]
Die 140 m hohe Wasserfontäne im Hafenbecken am südlichen Seeufer, einst Sicherheitsventil der Wasserwerke, ist das Wahrzeichen der Stadt (s. S. 31).

31 Jardin Botanique [K4]
Der Botanische Garten ist das Paradebeispiel für all die großartigen Genfer Parks entlang des Seeufers (s. S. 39).

40 Patek Philippe Museum [I10]
Die renommierte Genfer Uhrenmanufaktur hat ein Museum eingerichtet, das neben Luxusuhren auch die Geschichte der Uhrmacherkunst präsentiert (s. S. 46).

41 MEG – Musée d'Ethnographie de Genéve [I10]
Das MEG gilt als bestes Völkerkundemuseum der Schweiz und ist auch architektonisch sehenswert (s. S. 47).

43 Cité International mit Palais des Nations [J3]
Genfs Norden wird von den Bauten der UNO beherrscht. Im Zentrum steht der Palais des Nations (s. S. 49).

46 Carouge [I13]
Kontrastprogramm zum Stadttrubel: Nur 15 Straßenbahnminuten von der Innenstadt entfernt, wirkt Carouge wie ein norditalienisches Dorf und lädt zum Bummel durch malerische Gassen ein (s. S. 53).

GENF ENTDECKEN

117ge Abb.: gt

Willkommen in Genf

Genf ist ebenso vielgesichtig wie vielseitig: einerseits französisch geprägt, andererseits multinational und zweiter Sitz der UNO neben New York. Das Herz der Stadt schlägt jedoch von jeher in der überschaubaren Altstadt um die Kathedrale und das historische Rathaus. Die etwas erhöhte Lage verleiht der Altstadt einen besonderen Reiz und erlaubt, sie in einem Atemzug mit berühmten Altstädten anderer Schweizer Städte wie Bern, Basel oder Zürich zu nennen.

Die **Grand-Rue** [J/K9] führt direkt hinauf in die **Vieille Ville**, die Altstadt. Sie endet am Rathaus, dem Hôtel de Ville 5, das im Kern aus dem 15. Jh. stammt und heute Sitz der Kantonsregierung („République & Canton de Genève") ist. Gegenüber liegt das Ancien Arsenal und davon einen Steinwurf entfernt das Maison Tavel 7, das älteste erhaltene Genfer Privathaus aus dem 12. Jh., Sitz des Museums des historischen Genf.

Den höchsten Punkt der Altstadt markiert die Cathédrale St. Pierre 9 mit der Site Archéologique 10, der interessanten Ausgrabungsausstellung unter der Kirche. Nebenan informiert das Musée International de la Réforme 11 über die Geschichte der Réformation. Zentraler Anlaufpunkt in der Altstadt ist die **Place du Bourg-de-Four** 12 und von dort ist es nur ein Katzensprung zum sehenswerten Musée d'Art et d'Histoire 13, kurz „MAH. Dieses gewährt einen umfassenden Einblick in die Kultur von der Frühzeit bis heute.

Doch die Altstadt allein macht Genfs Reiz nicht aus: Das eigentlich Ungewöhnliche ist zum einen das **architektonische Gesamtbild.** Die außerhalb des Altstadtkerns aufragenden französisch geprägten Prachtbauten in verschiedenen historistischen Stilen haben der Stadt den **Spitznamen „Klein-Paris"** eingebracht. Zum anderen ist ein wesentliches Plus die Lage der Stadt an Genfersee und Rhône – mit dem Jura im

Vorseite: Ballonfahrt mit Blick auf den Leuchtturm *(s. S. 37)*

An der Rive Droite trifft man sich zum Promenieren

Westen und den Alpen im Osten als Hintergrundkulisse.

Den Übergang zwischen engen Altstadtgassen und breiten Alleen bilden die **Rues Basses**, ein Sammelbegriff für die eleganten Einkaufsstraßen der Stadt, die einen ausgiebigen Bummel wert sind. Die **Seeufer** werden von mächtigen „französischen" Palästen mit weithin sichtbarer Firmenwerbung (v.a. der Uhrenhersteller) auf den Dächern eingefasst. In deren Inneren befinden sich teils elegante Hotels, teils Banken und Firmensitze. Sie bilden die mondäne, beeindruckende Hintergrundkulisse für die im See schaukelnden Luxusjachten und den Jet d'eau 19.

Rive Gauche und **Rive Droite** – es fällt schwer, Präferenzen zu setzen. **Am linken (südlichen) Ufer** des Genfersees ist das Debüt pompös mit Jardin anglais 18 und Jet d'eau. Durch das Stadtviertel Eaux-Villes erreicht man das große Areal der Parks La Grange und Eaux-Vives 21.

Am rechten (nördlichen) Ufer liegen Saint-Gervais 32, Genfs ältestes Viertel, und das als Nightspot beliebte Pâquis mit dem gleichnamigen Strandbad. An der Promenade Quai du Mont-Blanc [K8/L7] trifft man sich, promeniert und genießt dabei die Aussicht. Darauf folgt der eigentlich schönste Uferabschnitt mit einer Kette von Parks mit Villen und Schlössern, Promenaden und Botanischem Garten 31. Der Weg zieht sich hinauf bis zum **Internationalen Viertel** mit der UNO und anderen Institutionen sowie dem Museum des Roten Kreuzes 45 und dem Musée Ariana 44.

Westlich der Altstadt erstreckt sich **Plaine de Plainpalais** [I/J10], ein großer Freiplatz. Hier finden verschiedenste Events und Zirkusaufführungen statt, außerdem dreimal wöchentlich ein Wochenmarkt sowie mittwochs und samstags ein riesiger Flohmarkt. Zwischen Plaine de Plainpalais und Altstadt erstreckt sich erneut viel Grün, das durchwandert werden will: der Parc des Bastions mit der Universität und der Mur des Réformateurs 37. Die vorgelagerte Place Neuve [J9] ist das **Zentrum des Genfer Kulturlebens** mit dem Musée Rath 36, dem Grand Théâtre 35, dem Kulturzentrum Grütli und der Victoria-Hall 34.

Ist Genf von großen Prachtbauten französischen Einschlags geprägt, präsentiert sich der im Südwesten gelegene Vorort **Carouge** 46 als fast italienisches Dorfidyll, ideal zum Bummeln, Einkaufen und Essengehen. Speziell am Samstag lohnt auf der zentralen Place du Marché ein bunter Wochenmarkt.

Im östlichen Vorort **Cologny** 48 sind dagegen die begüterten Genfer und Prominente aus aller Welt in geräumigen Villen, umgeben von großzügigen Parks, zu Hause. Jedermann darf jedoch hier den Ausblick auf den See genießen und kann die Fondation Bodmer (s. S. 63), eine ehemalige Privatbibliothek mit wertvollen Originalmanuskripten und Erstausgaben, besichtigen.

Links ist da, wo der See rechts ist

Wenn der Genfer von **Rive Gauche** spricht, meint er damit das linke Ufer des Genfersees, allerdings in Fließrichtung der Rhône. Das linke Ufer ist also da, wo der See rechts liegt. Die gegenüberliegende Seite wird dementsprechend **Rive Droite**, also rechtes Seeufer, genannt.

Kurztrip nach Genf

Genfs Lage am See und Ausfluss der Rhône ist spektakulär. Auf den ersten Blick wirkt die Stadt überschaubar, doch der Eindruck trügt: Zwar ist die Altstadt tatsächlich relativ klein, doch sowohl an den Ufern des Genfersees und der Rhône als auch im internationalen (UNO-)Viertel und im Vorort Carouge gibt es viel zu sehen. Bezieht man die Einkaufszone der Rues Basses und die romantischen Parkanlagen am Seeufer mit ein, zeigt die „kleinste Großstadt der Welt" ihre wahre Größe und bietet für jeden Geschmack etwas.

Die ideale Aufenthaltsdauer in Genf wären zwei, besser aber noch drei Tage. Letzteres böte nämlich die Möglichkeit, einen Besuch in der UNO und ein oder zwei Ausflüge – z. B. nach Carouge, zum CERN oder ins Weinland – einzuplanen.

☑ *Das Wahrzeichen Genfs: der Jet d'eau* 19 *in der Rade de Genève*

010ge Abb.: mb

1. Tag: Zwischen Altstadt und Genfersee

Für den ersten Besuchstag bietet sich der beschriebene Stadtrundgang (s. S. 12) an. Nur kann man sich mehr Zeit bei der Erkundung der *Vieille Ville* lassen, der **Genfer Altstadt** mit Cathédrale Saint-Pierre 9, Site Archéologique 10, Reformationsmuseum 11, Place du Bourg-du-Four 12 und Musée d'Art et d'Histoire 13.

Nach einem **Einkaufsbummel** in den Rues Basses [K9] lädt der **Jardin anglais** 18 zu einer Verschnaufpause ein. Hier lässt sich die Aussicht auf Genfersee und **Jet d'eau** 19 genießen.

Als kulinarischer Abschluss des ersten Tages in Genf bietet sich ein Dinner in einem der **französisch angehauchten Lokale** in der Altstadt wie dem Les Armures (s. S. 25) an. In einer lauen Sommernacht schließlich tut man es den Genfern gleich und genießt einen Spaziergang entlang der **Uferpromenade** oder geht zu einer **Veranstaltung** (s. S. 76) im Grütli, Le Poche oder der Victoria Hall 34.

2. Tag: Weitere Entdeckungen in Genf

Genfersee und Rhône trennen Genf in einen linken (östlichen) und einen rechten (westlichen) Teil, *Rive Gauche* bzw. *Rive Droite* genannt. Einge der Viertel, die nach dem Abriss der Stadtmauer um 1850 entstanden sind und sich ringförmig um den Kern gruppieren, sind besonders sehenswert.

Zunächst geht es zum größten Platz der Stadt, der **Plaine de Plainpalais** im gleichnamigen In-Viertel

141ge Abb.: mb

[I10], der wegen der hier stattfindenden Wochen- und Flohmärkte vor allem samstags attraktiv ist, aber auch für andere Veranstaltungen genutzt wird. Im Umfeld liegen die **Universität** mit der **Reformationsmauer** 37 und die **Place Neuve** [J9] mit Theatern und den Museen Rath 36 und Zoubov 3. Ebenfalls nur einen Katzensprung entfernt befinden sich das sehenswerte **Uhrenmuseum Patek Philippe** 40, das **MAMCO** 39 und das **MEG** 41.

In Plainpalais bieten sich für einen **Mittagsimbiss** zahlreiche kleine und relativ preiswerte Lokale an, die auch gerne von Studenten und den Bewohnern des Viertels besucht werden.

Den Nachmittag sollte man komplett dem **Internationalen Viertel** mit dem Palast der Vereinten Nationen 43 (Cité International mit Palais des Nations) widmen. Eine Tour durch die UNO sollte im Voraus geplant werden, zumal die Sicherheitsmaßnahmen Zeit kosten.

In direkter Nachbarschaft lohnen, je nach Interesse, auch das **Musée International de la Croix-Rouge et du Croissant-Rouge** 45 und das **Musée Ariana** 44.

Falls die Zeit noch reicht, ließe sich der Tag schön mit einem Spaziergang vom UNO-Viertel entlang der Rive Droite durch verschiedene Parkanlagen wie den sehenswerten Botanischen Garten und entlang dem Quai Wilson abschließen. Für das Abendessen gibt es mehrere Alternativen, z. B. ein Picknick bei Sonnenuntergang in einem der Parks mit am Morgen auf dem Markt gekauften Delikatessen oder ein preiswerter Imbiss im beliebten Buvette des Bains des Pâquis (s. S. 67) nach einem abendlichen Bad im See.

3. Tag: Ausflüge in die Umgebung

Zu den lohnenden und leicht realisierbaren Ausflügen gehört der Besuch der am südwestlichen Stadtrand gelegenen **Vorstadt Carouge** 46, die mühelos und relativ schnell mit der

Blick auf das Mont-Blanc-Massiv

Straßenbahn zu erreichen ist. Anders als das mondäne, französisch geprägte Genf hat sich Carouge sein dörfliches Idyll bewahrt. Wer die Wahl hat, sollte den Ausflug für Samstag- oder Mittwochvormittag einplanen, denn dann findet auf der zentralen Place du Marché ein großer Wochenmarkt statt.

Eine zweite empfehlenswerte Exkursion führt in den **östlichen Vorort Cologny** 48 (mit dem Bus und sogar zu Fuß leicht zu erreichen). Hier wohnen in prominenter Lage nicht nur begüterte Genfer, sondern auch Scheichs und Prominente aus aller Welt. Unschlagbar ist der Blick auf den See und – bei klarer Sicht – auf die Mont-Blanc-Bergkulisse. Sehenswert für Bibliophile ist die **Fondation Bodmer** (s. S. 63), eine ehemalige Privatbibliothek. Wer gut zu Fuß ist, kann von dort über Genève Plage 23 (das Strandbad) und die neue Plage des Eaux-Vives 22 bzw. durch die beiden Parks Eaux-Vives und La Grange 21 in die Stadt zurücklaufen.

Am Abend böte sich dann eine entspannende Dinner Cruise auf dem Genfersee an (s. S. 125).

Stadtspaziergang

Den Kern der Stadt Genf kann man gut zu Fuß kennenlernen. Idealer Ausgangspunkt für einen Besichtigungsrundgang ist die **Île Rousseau** 1, dort, wo die Rhône aus dem Genfersee herausfließt. Von dem romantischen kleinen Park geht es vorbei an der Pont de la Machine am Rhône-Ufer entlang zur zentralen Place de Bel-Air gegenüber der **Île** 2. Über die Rue de la Cité und Grand Rue gelangt man in die Altstadt zur unübersehbaren **Cathédrale Saint-Pierre** 9. Vom Turm der Kathedrale kann man das atemberaubende Seepanorama genießen und auch das Kircheninnere ist einen Blick wert. Nach der Kirchenbesichtigung gibt die **Site Archéologique** 10, bedeutende archäologische Ausgrabung und modernes multimediales Museum zugleich, einen guten Einblick in die frühe Geschichte der Stadt. Das nebenan befindliche **Reformations-**

Blick auf den Quai Gustave Ador [M9–O8]

120ge Abb.: mb

Routenverlauf im Stadtplan
Der hier beschriebene Spaziergang ist mit einer farbigen Linie im Stadtplan eingezeichnet.

museum (11) macht hingegen die Bedeutung der Stadt als „protestantisches Rom“ deutlich.

Gelegenheit zum Päuschen bieten die Cafés und Lokale um den nur wenige Schritte entfernten zentralen Platz in der Altstadt, die **Place du Bourg-de-Four** (12), die man über die Stiege Degrés-des-Poules erreicht. Kunstfreunde sollten einen Abstecher über die Promenade Rue de Chadronn zum **Musée d'Art et d'Histoire** (13) einplanen, das eine umfangreiche und besonders vielseitige Sammlung zeigt.

Durch eine der zahlreichen Altstadtgassen, z. B. die Rue de la Fontaine, geht es hinunter zu den so genannten **Rues Basses**, die Einkaufsmeile der Stadt. Nach dem Bummel durch die Gassen und Straßen zwischen Altstadt und Seeufer mit all ihren Chocolaterien, Boutiquen und Designerläden, Kaufhäusern und Feinkostläden geht es zu zwei Wahrzeichen der Stadt: der Blumenuhr im **Jardin anglais** (18), von wo man einen Blick auf den **Jet d'eau** (19) werfen kann.

Mit einer Mouette, wie die charakteristischen Wassertaxis heißen, wechselt man von der Rive Gauche hinüber zur Rive Droite, zur rechten **Uferseite**, wo legendäre Hotels wie das Hôtel Beau-Rivage (28) liegen. Hier laden der Parc Mon Repos, Parc Barton (30) und Jardin Botanique (31) am Seeufer zum Bummel ein. Sie machen den Abschied von der „Perle“ am Genfersee schwer.

An der Rhône

An der Pont du Mont-Blanc [K8] fließt die Rhône aus dem Genfersee. Hier bietet sich ein traumhafter Blick auf die Stadt und auf ihr Wahrzeichen, den Jet d'eau, der sich im Hafenbecken am südlichen Seeufer befindet.

(1) Île Rousseau ★ [K8]

Wendet man sich auf der Pont du Mont-Blanc um, blickt man die Rhône abwärts auf die kleine Île Rousseau, die an den berühmtesten Sohn der Stadt erinnert: Jean-Jacques Rousseau (1712–1778), dem hier auch ein Denkmal gewidmet ist.

Es handelt sich um eine **ehemalige Bastion**, die 1583 als Teil der Stadtbefestigung zur Verteidigung des Hafens errichtet worden war. 1628 wurde die Anlage in eine Werft umgewandelt. 1832 schließlich wurde sie im Zuge des Baus der Pont des Bergues, mit der sie durch eine kleine Fußgängerbrücke verbunden ist, nach dem großen Philosophen und Schriftsteller benannt und bildet heute den kleinsten der insgesamt etwa 50 Genfer Stadtparks.

Das auch unter dem Namen „Île des Barques“ bekannte Inselchen dient seither als **romantischer Ort für Spaziergänger und Liebespaare**, ist aber dank des hier seit 1921 befindlichen Kiosks Madame Sum auch ideal für ein Erholungspäuschen. In ihrer Mitte befindet sich Rousseaus Standbild, 1921 vom Genfer Pierre Pradier geschaffen. Der große Philosoph der Aufklärung, von dem der Ausspruch stammt: „[...] der Mensch ist von Natur aus gut, ich glaube es, nachgewiesen zu haben“ (1755), thront hier majestätisch im Grünen.

› Haltestelle: „Mont-Blanc“

2 L'Île ★ [J8]

Auf der nächsten Brücke, der Pont de la Machine, fällt das **ehemalige Wasserwerk** von 1887 ins Auge. In diesem Bau, an dessen Dach abends der Schriftzug „Arcades des Arts" leuchtet, befindet sich das **Quartier Libre SIG**, ein Ausstellungsraum, in dem Wechselausstellungen zu den Themen Kunst, Umwelt und Geschichte stattfinden. Die SIG (Services Industriels de Genève) sind in Genf für die städtische Infrastruktur (v.a. Trink- und Abwasser) zuständig.

Ein Stückchen weiter flussabwärts und durch einen Steg mit dem Wasserwerk verbunden, erstreckt sich die eigentliche Île, eine schmale Insel mitten in der Rhône, die durch die Pont de l'Île (bzw. die Rues des Moulins/de la Tour de l'Île) die beiden Altstadtteile südlich und nördlich des Flusses miteinander verbindet. Der im Zentrum der Insel stehende Turm, genannt **Tour de l'Île**, hatte deshalb strategische Bedeutung, doch eigentlich existiert der Flussübergang schon viel länger: Julius Caesar soll 58 v.Chr. die Brücke zerstört haben, um die Helvetier am Zug nach Gallien zu hindern. Der Turm mit seiner Uhr war ursprünglich Teil einer im 13. Jh. zum Schutz gegen die Savoyer errichteten Befestigungsanlage. In ihrer Mitte fand zudem ab dem 14. Jh. ein großer Markt statt. Als die Burg 1677 geschliffen wurde, blieb nur der Turm stehen, der 1897 restauriert wurde.

095ge Abb.: mb

Am Westzipfel der Île befindet sich ein weiterer interessanter Punkt, die ehemalige **Markthalle.** In einem Flügel der u-förmigen Anlage befinden sich die **Galerie Papier Gras** und **Bongo Joe**, eine Mischung aus angesagtem Plattenladen und Bar. Im anderen Teil sind die **Grand Central Food Halles** (s.S.68) eingezogen.

Bevor es hinauf in die Altstadt geht, fällt ein Stück weiter westlich auf einer weiteren Rhôneinsel, die über die Promenade des Lavandières von der Île aus bzw. von der Place des Volontaires am Ufer aus erreichbar ist, ein lang gestrecktes Gebäude ins Auge: Das **BFM – Bâtiment des Forces-Motrices** (s.S.75) im Beaux-Arts-Stil diente von 1892 bis Ende der 1980er-Jahre als Wasserkraft- und E-Werk und heute als Kulturzentrum mitten in der Rhône mit einem fast 1000 Plätze fassenden Konzertsaal. Théodore Turrettini plante dieses faszinierende Bauwerk, das zwischen 1883 und 1892 errichtet wurde.

Noch ein Stückchen weiter flussaufwärts blickt man schließlich auf eine Schleuse, **Le Barrage du Seujet** [H8/9], die seit 1995 den Wasserstand von Rhône und See regelt.

- 4 [J8] **Galerie Papier Gras**, Pl. de l'Ile 1, www.papiers-gras.com
- 5 [J8] **Bongo Joe**, Pl. de l'Ile 1, www.bongojoe.ch

Vieille Ville – Genfs Altstadt

Genfs Altstadt ist nicht groß, doch die Lage über dem See, die malerischen Gassen mit ihren Läden und Lokalen und die historischen Bauten und Museen machen sie besonders.

Streng genommen gliedert sie sich in zwei Teile: *la ville haute* (die „Oberstadt“) oder „La Cité“ mit der Kathedrale und *la ville basse* (die „Unterstadt“) rings um die Rues Basses. Zur Altstadt werden meist auch der Parc des Bastions und das Quartier Saint-Gervais gerechnet.

Von der Île mit ihrem augenfälligen Uhrenturm führt die Rue de la Cité direkt hinauf in die Vieille Ville, die Altstadt von Genf. Die Straße geht bald in die **Grand-Rue** über, die Hauptachse der Altstadt. Diese umfasst den auf einem Hügel liegenden Teil mit der Cathédrale Saint-Pierre 9, dem Justizpalast und dem Rathaus 5. An der Grand-Rue bzw. in ihrem Umkreis wie in den parallel verlaufenden Rue des Granges und Rue Jean-Calvin reihen sich vor allem Antiquitätenläden und kleine Shops, Cafés und Lokale auf.

3 Musée Tatiana Zoubov ★ [J9]

In der Rue des Granges lohnt nicht nur ein Besuch der **Église St.-Germain** [K9] aus dem 15. Jh., sondern überhaupt gibt es hier sehenswerte Architektur, z. B. das ehemalige Hôtel de Sellon. In ihm befindet sich heute das Musée Tatiana Zoubov.

Das Apartment der Tochter des Grafen Zoubov wurde im Hôtel de Sellon im prunkvoll-überschwänglichen Stil des Grand Siècle **als Gesamtkunstwerk** schließlich der Öffentlichkeit zugänglich gemacht. Zu sehen sind Tapisserien, Möbel und Kunsthandwerk aus aller Welt.

In der gleichen Straße (Nr. 7) erblickte zudem eine andere bedeutende Persönlichkeit das Licht der Welt: **Albert Gallatin** (1761–1849), der 1780 nach Massachusetts emigrierte und maßgeblich an der politisch sehr bedeutsamen Bill of Rights als Zufügung der amerikanischen Verfassung beteiligt war. Unter Jefferson fungierte er als Finanzminister. Er war

Das Kulturzentrum Bâtiment des Forces-Motrices: einst Wasserwerk, heute Veranstaltungshalle

MEIN TIPP

Tag und Nacht belebt

Die Rue de la Cité bzw. Grand-Rue [J/K9] lohnt nicht nur wegen der kleinen Läden und Antiquitätengeschäfte zum Bummeln, es gibt dort auch lohnende Lokale:

- 6 [K9] **Créperie Le Rozzel,** Grand-Rue 18
- 7 [K9] **Le Jardin d'Eden,** Grand-Rue 26

Auch wegen des fröhlichen **Nachtlebens** sollte man sich diese Ecke der Altstadt merken. Da wären beispielsweise das winzige Theater POCHE/GVE (s. S. 75) und die legendäre Bar Au Roi Ubu für den Drink danach:

- 8 [K9] **Au Roi Ubu,** Grand-Rue 30, legendäre Bar mit Livekonzerten und DJ
- 9 [K9] **22 grand'rue,** Grand-Rue 22, www.22grandrue.ch, Mo.–Sa. bis 1/2 Uhr geöffnet. Bar, Tagesgerichte und Tapas.

Albert Gallatin – oder: Ein Genfer macht Karriere

Abraham Alfonse Albert Gallatin, am 29. Januar 1761 als Sohn einer aristokratischen Schweizer Familie in Genf geboren, dürfte **eine der schillerndsten und bedeutendsten Persönlichkeiten der Stadt** sein. Ein Jahr nach seinem Abschluss an der Universität von Genf setzte er sich mit einem Freund 1780 in die USA ab. Nach einigen Jahren als Händler in der Wildnis von Maine lehrte er Französisch an der Harvard University (1782) und zog 1785 nach Virginia und schließlich nach Pennsylvania, wo er politisch aktiv wurde.

1793 wurde er in den US-Senat gewählt, durfte sein Amt jedoch nicht ausüben, da er noch nicht lange genug die US-amerikanische Staatsbürgerschaft besaß. Dennoch engagierte er sich weiter politisch: Im August 1788 nahm er an einem offiziellen politischen Treffen in Uniontown, Pennsylvania, teil und stellte mit seinen Mitstreitern Vorschläge zusammen, die als **„Pennsylvania proposals"** dem Federal Congress weitergeleitet wurden. James Madison formulierte daraus die zwölf Amendments, von denen zehn angenommen und als **Bill of Rights** – die Garantie individueller Freiheit – der Verfassung zugefügt wurden.

Ab 1795 wurde Gallatin schließlich Abgeordneter im House of Representatives, ehe 1801 Präsident Jefferson ihn zum „Secretary of the Treasury", also zum **US-Finanzminister** ernannte. Dieses Amt hatte er auch unter James Madison bis 1814 inne. In dieser längsten Amtszeit eines US-Finanzministers sorgte er für einen ausgeglichenen Staatshaushalt, lehnte Steuererhöhungen ab und war auch am Erwerb der französischen US-Besitzungen, dem sogenannten „Louisiana Purchase", beteiligt: Für nur 15 Mio. Dollar erwarben 1803 dabei die USA von Napoleon das Gebiet zwischen Mississippi und den Rocky Mountains.

1814 wirkte Gallatin am **Vertrag von Gent** mit, mit dem der Krieg zwischen Großbritannien und den USA um die kanadischen Gebiete – auch bekannt als zweiter Unabhängigkeitskrieg – ein Ende fand. Nach seiner Zeit als US-Botschafter in Frankreich (bis 1823) siedelte er sich schließlich in New York an. Als weiterhin politisch aktiver Bürger half Gallatin dabei, die New York University zu gründen, fungierte als Präsident der National Bank und publizierte Bücher über die Sprachen und Kulturen verschiedener Indianervölker. Am 12. August 1849 verstarb Gallatin 88-jährig in seinem Haus im New Yorker Stadtviertel Astoria (Queens). Er liegt auf dem Trinity Churchyard, nahe der Wall Street, begraben.

⊡ *Tafel an Gallatins Geburtshaus*

042ge Abb.: mb

zugleich Ethnologe und beschäftigte sich mit den Ureinwohnern Amerikas.

› Rue des Granges 2, www.ge.ch/visiter-musee-tatiana-zoubov, Mo. Führungen um 17 und 18.30 Uhr (Anmeldung auf der Website nötig), CHF 10, Haltestelle: „Hôtel-de-Ville" (Bus 36)

4 Maison Rousseau et Littérature – MRL ★ [K9]

Vor lauter schön dekorierter Schaufenster und sehenswerter historischer Bauten entlang der Grand-Rue – wie die Hausnummern 15 (von 1693) oder Nr. 11 (von 1743) – übersieht man leicht das Maison de Rousseau. Darin befindet sich ein gemütliches kleines Café mit Shop und passender Literatur zum Schmökern und darüber, im ersten Stock, eine kleine, aber feine multimediale **Ausstellung**, die sich **Jean-Jacques Rousseau widmet**. Der große Schriftsteller, Philosoph der Aufklärung und Musiker hat in diesem Haus am 28.6.1712 das Licht der Welt erblickt. Man erfährt Interessantes zu Leben und Werk des berühmten Genfers. Bilddokumente, Auszüge aus seinen literarischen und musikalischen Werken sowie seine umfangreiche botanische Dokumentation zeigen zudem die Vielseitigkeit des Genfer Denkers (s. Exkurs „Jean-Jacques Rousseau – seiner Zeit voraus", S. 18).

› Grand-Rue 40, https://m-r-l.ch, Di.–So. 11–18 Uhr, CHF 7, mit Café. Ein Tablet mit Infos in deutscher Sprache kann geliehen werden, Haltestelle: „Hôtel-de-Ville" (Bus 36)

Das Denkmal Rousseaus hat auf der Île Rousseau 1 seinen Platz

043ge Abb.: mb

5 L'Hôtel de Ville – Rathaus ★★ [K9]

Am Endpunkt der Grand-Rue erhebt sich das Hôtel de Ville, das **Rathaus**, in dem noch heute das **politische Herz der Stadt** schlägt. Hier tagen die Regierungen von Republik und Kanton Genf.

Im **Saal des Großen Rats** trifft sich das Genfer Parlament, während der Staatsrat (die Exekutive) in einem angrenzenden Saal im Tour Baudet, dem ältesten Teil des Rathauses von 1480, zusammenkommt. Dieser **Saal des Conseil d'État** (Staatsrat) ist üppig mit Fresken und Holzschnitzereien geschmückt, kann aber an Berühmtheit nicht an den sogenannten Alabama-Saal im Südflügel (s. S. 19) heranreichen.

Durch ein mächtiges Portal an der Rue de L'Hôtel de Ville (der Fortsetzung der Grand-Rue) gelangt man in den zu Bürozeiten geöffneten **Rathausinnenhof im Renaissancestil**, wo im Sommer auch Konzerte stattfinden. Erster Blickpunkt ist eine bemerkenswerte, gepflasterte **Rampe**,

Jean-Jacques Rousseau – seiner Zeit voraus

Jean-Jacques Rousseau, am 28. Juni 1712 als Sohn eines protestantischen Uhrmachers französischer Herkunft in Genf geboren, wuchs nach dem frühen Tod seiner Mutter mit seiner Schwester als Halbwaise auf. Nach der Ausweisung seines Vaters 1722 (dieser hatte einen Offizier verletzt) verbrachte Jean-Jacques seine weitere Kindheit bei seinem Onkel bzw. einem calvinistischen Geistlichen, dessen Obhut er anvertraut wurde, im südlich von Genf gelegenen Dorf Bossey.

15-jährig verließ Rousseau Genf und lernte Madame de Warens in Annecy kennen, die zur Geliebten und Gönnerin wurde, zu der er immer wieder zurückkehrte. 1728 trat er in Turin der katholischen Kirche bei, entdeckte dann sein musikalisches Talent, wurde Musikant und Musiklehrer in der Schweiz und in Frankreich. 1740 verdiente er sein Geld als Hauslehrer in Lyon und **verfasste ein Erziehungsprogramm.** 1743 arbeitete er als Privatsekretär des französischen Botschafters in Venedig – ein Resultat dieses Aufenthalts waren die „Dépêches de Venise" –, um ein Jahr später nach Paris zurückzukehren.

In Paris fand er **Anschluss an Intellektuelle wie Diderot oder Melchior Grimm,** arbeitete wie diese an der großen Enzyklopädie und verfasste Musikartikel. Hier lernte er auch Thérèse Levasseur kennen, mit der er eine lebenslange Verbindung einging und mehrere Kinder hatte.

1748 machte er Bekanntschaft mit seiner weiteren Gönnerin, Madame d'Épinay, und im folgenden Jahr sorgte eines seiner Werke **erstmals für Aufruhr:** In einem Essay für einen Wettbewerb der Akademie von Dijon über die Wirkung des Fortschritts der Zivilisation auf die Moral stellte er die These auf, dass der edle Wilde dem zivilisierten Bürger moralisch überlegen sei. Auch behauptete er, dass die Ungleichheit durch Privateigentum herbeigeführt werde, der Mensch von Natur aus gut sei und lediglich durch die Einmischung des Verstandes schlecht werde.

1754 wieder in die calvinistische Kirche eingetreten, erlebte er in Montmercy bei Paris seine schriftstellerisch fruchtbarste Zeit mit Werken wie den Briefroman „La Nouvelle Héloïse" (1761) oder den Erziehungsroman „Émile ou de l'éducation" (1762), in dem er das Ideal einer „natürlichen" kindgemäßen Erziehung, der freien Entfaltung der Persönlichkeit eines Kindes propagierte. In seinem berühmten staatsphilosophischen Traktat „Du contrat social ou Principes du droit politique" (1762) entwirft Rousseau das Bild des mündigen Bürgers, der sich freiwillig dem idealen Gemeinschaftswillen unterwirft, ohne seine persönliche Freiheit aufzugeben. Diese **Staatsphilosophie** hatte auf die französische Revolution, auf nachfolgende Philosophen wie Kant, Fichte, Hegel und Marx großen Einfluss.

Doch die Zeit war für derartige revolutionäre Entwürfe (noch) nicht bereit: „Émile" wurde in Frankreich nach dem Erscheinen konfisziert und verbrannt, Rousseau verfolgt. Er floh über die Schweiz nach England, kehrte aber 1767 nach Paris zurück, wo er 1768 Thérèse Levasseur heiratete. Er vollendete seine autobiografischen Schriften, vor allem die „Bekenntnisse" (hrsg. 1782), bevor er hier am 2. Juli 1778 starb.

die 1556 angelegt wurde und einer Wendeltreppe gleich einen eckigen – statt wie üblich runden – Turm hinaufführt. Eine Vermutung geht dahin, dass hohe Beamte zu Pferd über die Rampe in die oberen Stockwerke gelangten. Wahrscheinlicher dürfte die Theorie sein, dass sie auf Sänften hinaufgetragen wurden und dass die Rampe zudem dazu diente, Geschütze mit Maultieren auf den Turm zu transportieren.

Im Erdgeschoss des zu Anfang des 18. Jh. angebauten Südflügels befindet sich der nur zu speziellen Anlässen fürs Publikum geöffnete **Alabama-Saal.** Dort traf sich am 22.8.1864 die Assemblée Générale de la Société des Nations, um die erste Genfer Konvention zu unterzeichnen, mit der das Internationale Rote Kreuz aus der Wiege gehoben wurde. Der Name geht jedoch auf das erste internationale Schiedsgericht zurück, das hier abgehalten und unter dem Namen „Geneva Arbitration" bzw. „Alabama Claims" bekannt wurde.

Das dabei getroffene Urteil sprach 1872 den USA 15,5 Mio. Dollar Entschädigung aus der britischen Staatskasse zu. Die Vereinigten Staaten hatten sich nach dem US-Bürgerkrieg zwischen 1861 und 1865 mit Großbritannien über die Rolle des Südstaaten-Piratenschiffs „Alabama" gestritten, das insgeheim von den Briten unterstützt worden war. Dieses erste Schiedsgericht gilt auch als eine der Wurzeln für den nach dem Ersten Weltkrieg von US-Präsident Woodrow Wilson initiierten Völkerbund, dem Vorläufer der UNO.

Gegenüber dem Rathaus, an der Rue de l'Hôtel-de-Ville, befindet sich **L'Ancien Arsenal.** Auffällig ist vor allem die saalartige, überdachte Zufahrt zu dem im 15. Jh. als Getreidespeicher („Kornhaus") errichteten Bau. Da es ab 1720 als Waffendepot diente, sind hier fünf Kanonen der Genfer Artillerie aus dem 17. und 18. Jh. aufgestellt.

096ge Abb.: mb

Die **drei Mosaike** des Genfer Künstlers Alexandre Cingria aus den 1940er-Jahren an der Rückwand zeigen die Ankunft Julius Caesars in Genf – er hatte als erster die Stadt schriftlich erwähnt –, außerdem mittelalterliche Marktszenen, die einen Hinweis auf die frühere Funktion der Place du Bourg-de-Four 12 geben, und ein Bild von der Aufnahme hugenottischer Flüchtlinge. Im ersten Stock des Gebäudes befinden sich heute die Archive der Republik Genf (Archives d'État) mit einer kleinen Ausstellung zur Stadtgeschichte (Mo.–Fr. 9–17 Uhr).

› Haltestelle: „Hôtel-de-Ville" (Bus 36)

Flaggen am Genfer Rathaus

6 Promenade de la Treille ★ [K10]

Entlang der Rückseite des Rathauses, im Südwesten, erstreckt sich die Promenade de la Treille, die die Grenze zwischen Altstadt und westlichen Stadtteilen bildet. Dieser **bei den Genfern beliebte, weil romantische Ort** geht auf das 16. Jahrhundert zurück. Die Promenade war damals Aussichtsposten und Kanonenstandort zur Sicherung der Stadt nach Westen.

Heute präsentiert sich der Ort als grünes, friedliches und kastanienbestandenes Idyll mit der angeblich **längsten Holzbank der Welt.** Mit 121,30 Metern Länge hat sie es sogar ins Guinessbuch der Rekorde geschafft. An der Promenade erinnert zudem eine Statue an den Diplomaten Pictet de Rochemont (1755–1824), dessen Verhandlungsgeschick beim Wiener Kongress die Stadt ihre Unabhängigkeit und den Anschluss an die Eidgenossenschaft verdankt. **Genfs „offizieller" Kastanienbaum** wächst ebenfalls hier. Auf einem im Rathaus aufbewahrten Pergament wird seit 1818 verzeichnet, wann dieser Baum die ersten Blätter treibt und damit offiziell das Frühjahr einläutet. Im Südosten des langgestreckten Parks wurden Spiel- und Sportplätze angelegt.

› Haltestelle: „Hôtel-de-Ville" (Bus 36)

MEIN TIPP

Zwischen Maison Tavel und Rathaus liegt das berühmte und beliebte **Brasserie-Restaurant de l'Hôtel-de-Ville** (s. S. 67), außerdem das **Café Papon** (s. S. 68) mit Freiplätzen auf der Promenade de la Treille, das malerisch hinter dem Rathaus am klassizistischen Portal an der Rue Fazy liegt.

7 Maison Tavel ★★ [K9]

Im ältesten erhaltenen Genfer Privathaus befindet sich eine interessante historische Ausstellung mit dem „Relief Magnin", einem Stadtmodell aus dem 19. Jh.

Quasi um die Ecke fällt allein wegen seiner auffälligen mittelalterlichen Architektur das Maison Tavel ins Auge. Genfs ältestes Privathaus wurde im 12. Jh. errichtet, brannte 1334 ab und wurde von den Tavels – eine der wohlhabendsten Familien Genfs, deren Familienwappen im Erdgeschoss zu sehen ist – als **festungsartiger Stadtpalast** wiederaufgebaut. Die heutige Fassade stammt zwar aus dem 17. Jh., die Tier- und Maskenköpfe sind jedoch älter.

Im Inneren befindet sich ein sehenswertes **Museum**, eine Dependance des Musée d'Art et d'Histoire (MAH) 13. Im gesamten Gebäude, von den beiden Kellergeschossen bis zum Dachboden, geht es um die **Stadtgeschichte und das Alltagsleben in Genf vom Mittelalter bis Anfang des 20. Jahrhunderts**, illustriert durch Bilder, Zeichnungen, Fotos, Münzen, Möbel, Geschirr und andere Ausstellungsstücke. Im oberen Kellergeschoss steht Genf im Spiegel der Münzen im Mittelpunkt, im Erdgeschoss gibt es Infos zum Ancien Régime, der Herrschaftsform vor der Französischen Revolution bzw. den Napoleonischen Kriegen. Im ersten Stock werden wichtige Genfer Häuser vorgestellt und Dokumente über die Stadtentwicklung ausgestellt. Noch weiter oben wird anhand einer nachgebauten Wohnung das Alltagsleben vom 16. bis zum 19. Jh. vorgeführt, wobei sich vom Turmzimmer aus ein schöner Blick auf den See bietet.

Das Dachgeschoss schließlich wird fast völlig von einem alten **Stadtmodell** von 1896 ausgefüllt. Dieses nach seinem Schöpfer, dem Architekten Auguste Magnin (1841–1903), benannte „Relief Magnin" ist oval, 7,20 mal 5,65 m groß, besteht aus 86 Teilen und ist mit Architekturmodellen aus Zinn und Kupfer bestückt. Es zeigt die Stadt vor der Mitte des 19. Jh., als sie noch von Wehrmauern umgeben war. Nach der Multivisionsshow hier oben sind im Garten noch Fundamente eines romanischen Turms aus dem 11. Jh. zu sehen.

› Rue du Puits-Saint-Pierre 6, http://mahmah.ch, Di.–So. 11–18 Uhr, Eintritt frei, Haltestelle: „Hôtel-de-Ville" (Bus 36)

8 Musée Barbier-Mueller ★ [K9]

Bevor man sich der Hauptattraktion der Altstadt, der Kathedrale, zuwendet, lohnt ein Abstecher in eine kleine Seitengasse neben dem Maison Tavel in die Rue Jean-Calvin. Hier befindet sich das Musées Barbier-Mueller, das auf die **Privatsammlung** des wohlhabenden Solothurners Josef Mueller (1887–1977) zurückgeht. Dieser hatte 1907 begonnen, Gemälde moderner Maler zu sammeln. Später wandte er sich verstärkt der „primitiven" Kunst Afrikas und Ozeaniens sowie (prä-) kolumbianischer Kunst zu und diese ist heute in der Ausstellung zu sehen.

Auch Kunstwerke aus Asien, Griechenland, Italien und Japan gehören zur Kollektion, die seit 1977 öffentlich zugänglich ist. Mehr als **5000 Ausstellungsstücke zu allen großen Weltkulturen** – Skulpturen, Stoffe, Kultgegenstände, Reliefs, Masken und vieles mehr – sind hier zu bewundern, dazu stehen regelmäßig Wechselausstellungen auf dem Programm.

› Rue Jean-Calvin 10, www.barbier-mueller.ch, tgl. 11–17 Uhr, CHF 8, Haltestelle: „Hôtel-de-Ville"

9 Cathédrale Saint-Pierre ★★★ [K9]

Die über der Stadt thronende Kathedrale lohnt aus zweierlei Gründen: wegen des grandiosen Ausblicks von den Türmen und wegen der unterirdischen archäologischen Ausgrabungsstätte, der „Site Archéologique".

Am höchsten Punkt der Altstadt erhebt sich die **Cathédrale Saint-Pierre** – wegen der Fassade auch „Temple de Saint-Pierre" genannt. Zusammen mit der Site Archéologique 10 und dem Musée International de la Réforme 11 bildet die Kathedrale den **Espace Saint-Pierre.**

Die Kathedrale ist innen wie außen ein **Konglomerat verschiedener Baustile,** was angesichts der langen Bauzeit nicht verwundert. Die Arbeiten begannen nämlich schon um 1160 im romanischen Stil, ehe die Kirche mit gotischen Umbauten um 1230 fertiggestellt wurde. Auch die im 13. Jh. begonnenen Türme ließen auf sich warten, immerhin wurde 1407 die Hauptglocke, die Clémence, mit einem Gewicht von über sechs Ton-

MEIN TIPP

Besondere Bücher

In der Rue Jean-Calvin 2 befindet sich ein **ungewöhnlicher Buchladen,** der sich auf Fotografie und Kunst spezialisiert hat:

1 [K9] **Librairie Bernard Letu,** https://letubooks.com, Di.–Fr. 11.30–18, Sa. 11–17 Uhr

nen im Nordturm aufgehängt. Das Besondere an ihr ist, dass sich ihre Melodie jeden Monat ändert.

Wer die 157 Stufen nach oben auf den Turm hinter sich gebracht hat, wird mit einer **spektakulären Aussicht** auf Stadt und den Genfersee belohnt. Mit dem Nordturm ist der niedrigere Südturm mit dem Salle du Guet verbunden, der 1527–1911 dem *veilleur,* dem Turmwächter, als Aussichtspunkt und Wohnung diente (mit kleinem Museum).

Die **klassizistische Fassade** mit ihrem Frontgiebel und griechisch-römischen Säulen sowie einer Kuppel stammt aus der Mitte des 18. Jahrhunderts und wurde vom Pantheon in Rom inspiriert. Besonders Mitte des 16. Jh. wurde während der Reformation, als die katholische Kirche protestantisch wurde, das **Innere** der einst prächtig ausgestatteten Kirche ausgeräumt und damit erheblich schlichter. Das dreischiffige Langhaus präsentiert sich heute mit Ausnahme der aufwendig skulptierten Säulenkapitelle weitgehend schmucklos. Der Chor hat keinen Umgang, aber ein gotisches geschnitztes Chorgestühl (15. Jh.) und in den Seitenschiffen und Kapellen befinden sich Grabmäler.

Zu den Hauptattraktionen gehört links neben der Kanzel der **Stuhl Calvins** und rechts neben dem Ostchor das Grabmal und die Marmorstatue des Herzogs von Rohan, des Anführers der französischen Hugenotten zur Zeit Heinrichs IV. und Ludwigs XIII.

⌃ *Die Cathédrale Saint-Pierre – ab dem 12. Jh. wurde an ihr gebaut*

Rechts neben dem Hauptchor geht es in die **Chapelle des Macchabées,** eine 1405/1406 erbaute Grab- und Stiftskapelle, die zur Reformationszeit in ein profanes Lagerhaus umgewandelt und ab Ende des 17. Jh. als Hörsaal der von Calvin gegründeten Akademie genutzt wurde. Zu diesem Zweck wurde der Innenraum in drei Stockwerke unterteilt.

Seit dem Ende des 19. Jh. finden hier wieder Gottesdienste statt und 1888 begann man, die Kapelle im sehenswerten neugotischen Stil zu restaurieren.

› Cour Saint-Pierre 6, www.cathedrale-geneve.ch, Mo.-Fr. 9.30-18.30, Sa. 9.30-16.30, So. 12-18.30 Uhr, im Winter (1.10.-31.5.) 10-17.30 bzw. So. 12-17.30 Uhr, „Cathédrale" (Bus 36)

› **Turmbesichtigung:** 157 Stufen führen auf den Nordturm, CHF 7, Kinder bis 16 J. CHF 4, Kombiticket mit Site Archéologique CHF 12.

› **Glockenspiel/Konzert:** Es gibt im Juli und August samstags um 17 Uhr ein Glockenspiel (mit Chansons, Schlagern u. a.). Von Juni bis September finden Sa. 18 Uhr Orgelkonzerte in der Kirche statt (https://concerts-cathedrale.ch).

10 Site Archéologique ★ [K9]

Unter der Kathedrale bzw. unter der Kapelle finden seit 1976 **archäologische Ausgrabungen** statt, die Aufschluss über die Baugeschichte der Kirche und die Geschichte der Christianisierung der Stadt Genf geben. Die Ergebnisse werden in der sogenannten Site Archéologique de La Cathédrale Saint-Pierre anschaulich präsentiert. In diesem **hochmodernen, multimedialen archäologischen Museum** im Untergrund wurden elf Ausgrabungsareale ausgewiesen. Erforscht wurde vor allem die Baugeschichte von den Wurzeln der Kirche Mitte des 4. Jh. bis zur Gegenwart. Mittlerweile spricht man von einer der bedeutendsten Ausgrabungen nördlich der Alpen.

› Cour Saint-Pierre 6, Zugang rechts des Kirchenportals oder durch das Musée International de la Réforme 11, www.site-archeologique.ch, tgl. 10-17 Uhr, CHF 8 (mit Reformationsmuseum und Kathedraltürmen CHF 18), Haltestelle „Cathédrale" (Bus 36)

L'Auditoire Calvin

An der Südostseite der Kathedrale 9 steht an der Place de la Taconnerie das Auditoire de Calvin (ehemals Notre-Dame-La-Neuve), auch „Temple de l'Auditoire" genannt. Hier erklärte Jean Calvin den Genfern die Grundsätze der Reformation, hier predigten er und Théodore de Bèze zu den Gläubigen und seit 1555 diente der Bau zudem Exilanten aus aller Welt, darunter dem Schotten John Knox, als Zufluchtsort.

Gemeinsam mit Thomas Bodley, dem späteren Begründer der Bibliothek von Oxford und von Coverdale, erarbeitete Knox im Temple de l'Auditoire eine erste Volksausgabe der Bibel in englischer Sprache, die sogenannte „Genfer Bibel". Calvin hob außerdem an selber Stelle die Universität aus der Wiege.

Heute finden Gottesdienste der Church of Scotland und der holländischen und italienischen reformierten Kirchen statt.

•2 [K9] **L'Auditoire Calvin,** Pl. de la Taconnerie 1, Haltestelle: „Taconnerie" (Bus 36), https://auditoirecalvin.ch, nur zu Gottesdiensten und Konzerten geöffnet

Die Wurzeln der Reformation

Um Calvins Werk verstehen zu können, gilt es, zunächst einen Blick auf **Martin Luther** (1483–1546) zu werfen. Luther studierte Theologie, wurde Augustinermönch und machte Karriere als Theologe. Doch mehr und mehr prangerte er die Fehlentwicklungen in der katholischen Kirche an, plädierte dafür, die Zentralmacht von Papst und Kaiser zurückzudrängen und verurteilte die Ablasswirtschaft als Geschäftemacherei.

Als er am 31. Oktober 1517 seine 95 Thesen bekannt machte, ging es ihm vor allem darum, eine **Reform des gesamten kirchlichen Lebens** zu initiieren und die „Freiheit eines Christenmenschen" gegen alle Autoritäten zu fördern. Gottes Wort sollte gemäß der Bibel als Richtschnur des Glaubens dienen, die „ethische Reinheit" des Urchristentums als oberstes Ziel. Kirchliche Traditionen und Bräuche, Pomp und Prunk, Papsttum und Kirchenhierarchie sollten abgeschafft werden. Luther forderte eine Reform des Klosterlebens, des Zölibats, der Messe und von den ursprünglich sieben Sakramenten ließ er nur noch zwei zu: Taufe und Abendmahl. Die Trennung von der katholischen Kirche und damit die Entstehung der evangelisch-lutherischen Kirche wurde am 10.12.1520 mit der Verbrennung der päpstlichen Bannbulle und einiger scholastischer Schriften besiegelt.

Jean Calvin (1509–1564) trat quasi in Luthers Fußstapfen, führte dessen Lehren jedoch weit radikaler fort. Geboren als Sohn des Generalprokurators des Domkapitels zu Noyon (Frankreich), studierte Calvin in Paris Jura und kam dort 1533 mit Luthers Lehren in Berührung. Wegen seiner offenen Sympathie mit dem Protestantismus in Frankreich verfolgt, gelangte er 1535 nach Basel, wo er erstmals mit den gleichgesinnten Heinrich Bullinger (1504–1575, Zürich) und Guillaume Farel (1469–1565) zusammentraf. Letzterer war es auch, der 1536 Calvin nach Genf holte.

Calvin führte in Genf nicht nur die Reformation ein, sondern stellte auch eine **strenge Gemeindeordnung** auf. Er forderte rigorose Disziplin, das Abendmahl wurde verboten und Pomp und Überfluss abgeschafft, was letztendlich zur Tabula rasa der vormals prunkvollen Kirchen führte. All dies rief zunächst Widerstand hervor und als Konsequenz mussten er und Farel 1538 Genf zunächst verlassen. Sie kehrten drei Jahre später zurück und überredeten den Stadtrat, die neue „Kirchenzucht" einzuführen.

Calvins Prädestinationslehre fußt auf dem Gedanken, dass alles vorbestimmt sei und die Allmacht Gottes über allem stehe, der menschliche Wille hingegen bedeutungslos sei. Wer anderer Meinung war und die von Calvin herausgegebene Bibel nicht akzeptierte, wurde aus dem calvinistischen Genf ausgewiesen oder gar hingerichtet.

Calvin propagierte ein strenges Arbeitsethos, das er selbst vorlebte und in der 1559 von ihm gegründeten Genfer Akademie, dem Collège Calvin, das zu den ältesten öffentlichen Schuleinrichtungen der Welt zählt und heute ein öffentliches Gymnasium beherbergt, umgesetzt wissen wollte.

Er starb im Jahr 1564 in Genf und wurde auf dem Cimetière des Rois im Stadtteil Plainpalais in einem bescheidenen Grab bestattet sowie mit Statuen am Hauptgebäude der Genfer Universität und an der Reformationsmauer verewigt.

⑪ Musée International de la Réforme ★★★ [K9]

Ein paar Schritte entfernt von der Cathédrale stellt das Musée International de la Réforme im historischen Maison Mallet ein absolutes Highlight der Stadtbesichtigung dar. Hochmodern und multimedial wird hier an historischem Ort – in dem zur Kathedrale gehörigen Kloster stimmten die Genfer am 21. Mai 1536 für die Einführung der Reformation – die Geschichte der Reformation einem breiten Publikum näher gebracht.

Aufgehängt insbesondere an Calvins Tätigkeit im 16. Jh. in Genf, gelingt es den Machern der Ausstellung, mithilfe von Büchern, Manuskripten, Gemälden, Stichen und weiteren Objekten, vor allem aber **mittels audiovisueller Medien**, die undurchsichtige Geschichte dieser Umsturzphase nicht nur unter religiösen Aspekten, sondern auch als kulturelles und gesellschaftliches Phänomen, dessen Auswirkungen noch heute spürbar sind, verständlich zu machen.

Mein Tipp

Essen im Nobelhotel

Zwar kann sich wohl nicht jeder eine Nacht im historischen Fünfsternehotel Les Armures leisten, doch das zugehörige Restaurant bietet mittags ein **Schnäppchen** an: täglich wechselnde *plats du jour* für nur CHF 22, auch auf der hübschen Terrasse zu genießen. Außerdem gibt es empfehlenswerte und preiswerte „Suggestions du Chef" und das Fondue soll auch Bill Clinton geschmeckt haben.

3 [K9] **Restaurant Les Amures,** Rue du Puits-St.-Pierre 1, Tel. 022 3103442, www.hotel-les-armures.ch, tgl. Lunch und Dinner (am besten reservieren)

Zunächst geht es um die protestantische Bibel, ehe sich im „Polemikzimmer" berühmte historische Theologen mit den Thesen der Reformation auseinandersetzen. Auch das Genf zur Zeit Calvins wird vorgestellt. Es folgen als Themen ein „theologisches Bankett", der Widerruf des Edikts von Nantes und die damit verbundene Zuflucht der Hugenotten in Genf sowie schließlich die Ausbreitung der Reformation bis ins 20. Jh. Im Untergeschoss befindet sich eine Ausstellung zur Verbreitung des Protestantismus weltweit, vor allem aber in den USA.

› Rue du Cloître 4, www.musee-reforme.ch, **noch bis 2023 wegen Renovierungsarbeiten geschlossen**, „Cathédrale" (Bus 36)

⑫ Place du Bourg-de-Four ★★ [K10]

Einst der wichtigste Platz der Altstadt, sind die auf der Place du Bourg-de-Four gelegenen Cafés heute ein beliebter Treffpunkt.

Die Passage des **Degrés-de-Poules** (Hühnerleiter), eine kuriose, durch ein Haus hindurch geführte Treppe, führt neben dem Auditoire und hinter dem Ostchor der Kathedrale hinunter zum zentralen Platz der Altstadt, der Place du Bourg-de-Four.

Dieser im Mittelalter wichtige Kreuzpunkt von Handelsrouten und ehemalige Marktplatz ist der **älteste Platz Genfs** und heute **Treffpunkt und Kern der Altstadt**. Hier befand sich bereits in römischer Zeit ein Handelszentrum, im 5. Jh. das Zentrum des Burgunderreichs (eine kleine Figur in einem Haus an der SO-Ecke erinnert an König Gundobad/480–516) und ab Mitte des 16. Jh. entstanden die beeindruckenden Gebäude ringsum – zu dem Zweck, den massenhaft

Mein Tipp

Pause auf der Place du Bourg-de-Four

Kein Platz in Genf ist für eine kleine Pause bei einem Kaffee oder Bier geeigneter als die immer belebte Place du Bourg-de-Four. Cafés und Lokale wie **La Clémence** (s. S. 70) oder **Chez ma Cousine** (s. S. 68) bieten mit ihren Sitzplätzen im Freien die perfekte Gelegenheit, die Genfer etwas näher kennenzulernen oder einfach nur unter freiem Himmel das Altstadtambiente zu genießen und ein wenig Gesellschaftsstudien zu betreiben.

zuströmenden Protestanten Wohnraum zu bieten. In der Platzmitte befindet sich ein blumengeschmückter Brunnen aus dem 18. Jh., um den herum die Tische und Stühle **zahlreicher kleiner Cafés und Bistros** stehen, die sich im Wechsel mit Antiquitätenläden um den Platz gruppieren.

An der Ostseite des Platzes dominiert der **Palais de Justice** (Justizpalast). 1707–1712 als Kloster (Convent St.-Claire) erbaut, dann ab 1857 als Spital genutzt, dient der Bau heute als Sitz der Genfer Justiz.

Über die Rue Etienne Dumont mit ihren Boutiquen und Lokalen erreicht man die **Promenade Saint-Antoine,** die sich auf der alten Festungsmauer hinzieht und von beeindruckenden Bauten mit schönen Fassaden aus dem 18. und 19. Jh. gerahmt wird. Hier lebten einige Genfer Persönlichkeiten: in Hausnummer 14 Rodolphe Toepffer, einer der Vorreiter der Comics, in Nr. 16 Rodolphe Kreutzer, dem Beethoven eine Violinensonate gewidmet hat, und im Haus Nr. 22 der Bankier Yves Mirabaud.

An der Nordostecke der Promenade steht das **Collège Calvin**, 1559 von Jean Calvin als Theologieschule gegründet. Théodore de Bèze war der erste Rektor der Schule, in der Theologiestudenten einst von Montag bis Samstag täglich zehn Stunden unterrichtet wurden. Trotz oder gerade wegen dieses harten Pensums erwarb die Schule hohes Ansehen und wurde 1872 zur Keimzelle der heutigen Universität, die heute noch den historischen Bau für Lehrzwecke nutzt.

› Haltestelle: „Place Bourg-de-Four" (Bus 36)

☐ *Auf der Place du Bourg-de-Four*

098ge Abb.: mb

143ge Abb.: mb

13 MAH – Musée d'Art et d'Histoire ★★★ [L10]

Das MAH mit seiner vielseitigen, umfangreichen Kunstsammlung, v. a. mit vielen großformatigen Gemälden des Schweizer Malers Hodler, ist ein Muss für alle Kunstfreunde!

Von der Promenade Saint-Antoine blickt man auf den zwischen 1903 und 1910 errichteten imposanten Bau des Musée d'Art et d'Historie, kurz „MAH" genannt. In dem riesigen Komplex erhält der Besucher einen ungewöhnlich **vielseitigen Überblick über die westliche Kultur** von der Frühzeit bis heute. Vorgelagert befinden sich im Rahmen des Projekts **Legumes en Ville** (s. S. 102) entstandene Gemüsefelder und ein Gewächshaus.

Drei große Abteilungen verteilt auf fünf Etagen beherbergt das MAH: eine **archäologische Sammlung** (prähistorische, ägyptische, griechische, etruskische, römische, frühchristliche und regionale Fundstücke sowie Funde der Universität Genf aus Kerma im Sudan), eine **Sammlung der** sogenannten **Schönen Künste** (Malerei von der Renaissance bis heute sowie Skulpturen von Rodin, Giacometti u. a.) und schließlich eine Abteilung für **Kunsthandwerk** (vom Mittelalter bis zum 20. Jh., Waffen und Möbel und vieles mehr).

Die umfassende **Kunsthandwerkssammlung** verteilt sich auf die Etagen 0 und 1. In wechselnden Ausstellungen – zuletzt unter dem Motto „Urteilen Sie selbst" – werden historische und moderne Gegenstände aus der Kollektion einander gegenüber gestellt. In der 1. Etage befinden sich zudem die historischen Räume des **Château de Zizers.**

Kürzlich komplett neu gestaltet wurde die umfangreiche **Kunstsammlung**, die die gesamte 2. Etage einnimmt. Beim Rundgang lernt man hier die Schweizer Kunst in gesamteuropäischem Kontext vom 14. Jahr-

Antike Kunstwerke bilden nur einen Teil der Exponate des vielseitigen MAH

hundert bis zur Moderne kennen. Zu den Höhepunkten gehört das **Altarbild „La Pêche miraculeuse“** von Konrad Witz. 1444 gemalt, handelt es sich um das erste Gemälde, das eine reelle Landschaft – die Stadt Genf und den See – zeigt. Weitere Highlights sind die Werke des Schweizer Malers Ferdinand Hodler (1853–1918), der viele Jahre seines Lebens in Genf verbrachte. Umfangreich und bedeutend sind auch die ausgestellten Bilder von Félix Vallotton (1865–1925) aus Lausanne.

Innerhalb der **archäologischen Sammlung**, die sich über die beiden Untergeschosse (Etagen -1 und -2) erstreckt, ist die Ausstellung zur **Archéologie Régionale** besonders interessant. Hier lernt man mehr über die Geschichte der Region und der hier lebenden Menschen von der Urzeit bis ins Mittelalter. Sie ergänzt perfekt die Ausstellung unter der Kathedrale 10.

Für die **umfassende, hochkarätige Sammlung** des MAH sollte man sich entsprechend viel Zeit nehmen. Anschließend kann man sich im schönen **Museumscafé Le Barocco** mit Plätzen im Innenhof erholen. Zum Museum zugehörig sind das **GamMAH** (Mo.–Fr. 10–18 Uhr), ein kultureller Raum, und die **Bibliothèque d'Art et d'Archéologie** (Zugang in der Promenade du Pin 5 [K/L 10].

› Rue Charles-Galland 2, http://mahmah.ch, Di.–So. 11–18, Do. 12–21 Uhr, Eintritt frei, „Musée d'Art et d'Histoire“ (Bus 36 und 7, Tram 12)

14 Quartier des Tranchées ★ [L10]

Im Südosten des Museums, getrennt durch den Boulevard Helvétique, schließt sich das Stadtviertel Quartier des Tranchées mit sehenswerten Wohnbauten im Art-déco- und Jugendstil an. Die Rue Charles-Galland führt mitten hinein und als erstes sticht die **Église Russe** in der Rue Toepffer aufgrund ihrer goldenen Kuppeln ins Auge. 1859 hatten die in Genf lebenden orthodoxen Russen um den Bau einer eigenen Kirche ersucht und dank finanzieller Hilfe von Großherzogin Anna Feodorovna Constancia, der Schwägerin von Zar Alexander I., konnte 1886 auf dem Grund eines ehemaligen Benediktinerklosters der auffällige Bau im byzantinisch-muscovitischen Stil mit vergoldeten Kuppeln fertiggestellt werden. Die Kirche ist auch im Innern sehenswert, vor allem wegen des Sternenhimmels, der aufwendigen Carrara-Marmor-Ausstattung und der Ikonen aus dem 16. bis 20. Jahrhundert.

› **Église Russe,** Rue Toepffer 9, https://eglise-russe.ch, Di., Do., Fr. 11–17, Mi. bis 19, Sa. 12–19.30, So. 9–16 Uhr, Spende erbeten, Haltestelle: „Église Russe“ (Bus 36)

Mehr als 7000 Kunstobjekte aus China und Japan sind nahe der Kirche in einer eleganten Privatvilla aus dem 19. Jh. im Viertel des Tranchées vereint. Die **Fondation Baur – Musée des Arts d'Extrême-Orient** (s. S. 63) ist die hochkarätige Sammlung des lange in Asien tätigen Kaufmanns und Fabrikanten Alfred Baur (1865–1951) und nennt sich auch „Musée des Arts d'Extrême-Orient“. Chinesische Keramik und Tabakgefäße, Jadeobjekte, Lackdosen, Zeichnungen und Drucke aus Japan, Schwerter und anderes Kunsthandwerk werden präsentiert, daneben gibt es Wechselausstellungen, Veranstaltungen und einen japanischen Garten.

Die Rues Basses

Unter den Sammelbegriff „Rues Basses" fallen jene Straßen und Gassen, die sich unterhalb der Altstadt, ungefähr zwischen der Île 2 im Westen und dem Boulevard Helvétique [L9/10] im Osten, zum Genfersee hin ausbreiten. Die zentrale Achse bildet dabei die **Rue du Rhône.**
An ihr reihen sich vor allem Nobelboutiquen und teure Schmuck- und Uhrengeschäfte wie Bulgari, Gianfranco Ferrer oder Patek Philippe auf. Aber auch das Kaufhaus Globus betreibt hier eine Filiale (Nr. 48) und Arthur's rivegauche (s. S. 73), legendäres Café und Bar-Lounge sowie Treffpunkt der Schönen und Reichen, ist ebenfalls an dieser Straße zu finden.

Parallel zur Rue du Rhône und mit einigen Passagen verbunden, schon am Fuß der Altstadt, verläuft eine zweite Hauptschlagader der Stadt, die mehrfach ihren Namen ändert: Rue de la Confédération, Rue du Marché, Rue de la Croix d'Or und schließlich Rue de Rive (von West nach Ost). Hierbei handelt es sich um die eigentliche **Haupteinkaufsmeile der Stadt**, die L'Île und Rond-Point de Rive [L9] im Osten miteinander verbindet. Sie ist als Fußgängerzone ausgewiesen – lediglich vor der Straßenbahn muss man sich als Fußgänger in Acht nehmen. An dieser Straße mit den vielen Namen finden sich außer Designershops und Bouliquen auch größere Kaufhäuser sowie Läden gewöhnlicher Marken wie C&A oder H&M. Aber auch kleinere Läden wie die Librairie Payot (s. S. 84) oder der Chocolatier Auer (s. S. 81) finden sich hier.

Trotz aller verlockenden Schaufenster sollte man gelegentlich einen Blick auf die Architektur werfen. So fällt beispielsweise an der Rue de la Croix d'Or 4 inmitten eines Konglomerats von Bauten, die alle um 1900 entstanden sind, eine besonders schöne Jugendstilfassade von 1914 ins Auge. Sie zierte einst das elegante Kaufhaus „Old England".

MEIN TIPP

Markthalle

Am Ende des Shoppingareals, fast schon am Übergang zum östlichen Stadtviertel Eaux-Vives, befindet sich **La Halle de Rive** (s. S. 83). In dieser Markthalle verkaufen Mo.–Fr. 7.30–19 Uhr und Sa. 6–16 Uhr rund 25 Anbieter lokale Produkte wie Käse, Wurstwaren, Fisch, Blumen, Süßwaren usw. Besonders die **französischen und Schweizer Spezialitäten** – wie der Käse, das Bündnerfleisch *(viande sec)* oder die Dauerwürste – lohnen, außerdem gibt es ein kleines Bistro und andere Gelegenheiten für einen Imbiss. Mi. und Sa. 6.30–14.15 Uhr findet außerdem vor der Halle, zum Bd. Helvétique hin, der **Marché Helvétique**, ein großer Bauernmarkt, statt.

15 Place de la Fusterie ★ [K9]

Die Verbindung zwischen den beiden Hauptachsen, Rue du Rhône und Rue de la Confédération und Fortsetzung, bilden außer schmalen Gassen eine Reihe von lebhaften Plätzen. Der erste von Westen her heißt Place de la Fusterie, ein beliebter Treffpunkt zu Füßen der Altstadt. Filialen von Migros und COOP flankieren den Platz, auf dem auch **kleine Märkte**, u. a. ein Wochenmarkt (Mi./Sa.), ein Kunsthandwerks- und Büchermarkt sowie ein Weihnachtsmarkt stattfinden.

Der **Temple de la Fusterie** dominiert mit seinem oktagonalen Glockenturm den Platz. 1713–1715 im klassizistischen Stil als „Temple-Neuf", als der „neue Tempel" erbaut und mit einer barockisierenden Uhrenfassade versehen, trug er der zweiten Welle an protestantischen Flüchtlingen, die nach der Aufhebung des Edikts von Nantes 1685 nach Genf gekommen waren, Rechnung und diente der Stadt als Gotteshaus. Heute befindet sich hier die **Espace Fusterie** (https://espace-fusterie.epg.ch), ein kirchliches Kulturzentrum mit Veranstaltungen und Ausstellungen, das **derzeit wegen Renovierung geschlossen** ist.

Nicht versäumen sollte man in der nur wenige Schritte östlich gelegenen Passage Malbuisson die **Horloge Malbuisson.** Täglich zur vollen Stunde setzt sich seit 1962 diese Uhr von Edouard Wirth in Bewegung: 16 Glocken, 13 Wagen und 42 Bronzefiguren paradieren vorbei und erinnern so täglich an das wichtigste Stadtfest, die Escalade (s. S. 90).

› Haltestelle: „Bel-Air (Cité)"

MEIN TIPP

Cocktailpause

In dem dem Jardin anglais gegenüberliegenden Hotel Métropole, einem 1854 erbauten Grandhotel, kann man sich in der eleganten **Mirror Bar** oder der **MET Rooftop Lounge** (Dachterrasse mit Ausblick) einen Cocktail schmecken lassen. Mit dem **Gusto** findet sich auch ein Restaurant im Haus. Direkt an der Promenade liegt außerdem im Sommer ein Bar-Boot und es gibt einen Eis-/Imbiss-Kiosk.

10 [L9] **Mirror Bar/MET Rooftop Lounge,** Quai Général-Guisan 34, www.metropole.ch/fr/restaurants-bars, Bar Mo.–Fr. 9–24, Sa./So. 10.30–24 Uhr, Lounge tgl. von 17 bis mind. 24 Uhr

16 Place du Molard ★ [K9]

Zentraler Treffpunkt im Einkaufsareal der **Rues Basses** ist jedoch die lang gestreckte Place du Molard, auf der nachts die Pflastersteine von unten mit kurzen Wörtern wie „à bientôt", „welcome" oder „merci" beleuchtet werden. Ringsum befinden sich Cafés, ein Blumenmarkt und die berühmte Brasserie du Molard/Lord Nelson Pub (s. S. 72), wo hausgebrautes Bier ausgeschenkt wird.

Auf der Platzmitte steht ein oktagonaler Brunnen mit Marmor-Obelisk von 1771, an der Nordostecke erhebt sich der **Tour du Molard** von 1591, der einen Vorgänger im 14. Jh. hatte und einst Teil der Befestigungsmauer war.

› Haltestelle: „Molard"

17 Rue de la Madeleine ★ [K9]

Wenige Schritte von der Place du Molard entfernt liegt die Rue de la Madeleine mit dem gleichnamigen **Temple,** einer Kirche aus dem 15. Jh., restauriert im 17. Jh., die sieben moderne Glasfenster des chilenischen Malers José Venturelli beherbergt, die die Texte der Menschenrechte und christliche Botschaften tragen. Auf einem kleinen Platz in nächster Nähe steht ein historisches Karussell mit Holzpferden.

Die Rue de la Fontaine oder etwas weiter westlich die Rue du Perron mit dem empfehlenswerten Restaurant Le Perron (s. S. 69), schön zum Draußensitzen) bilden die Verbindung hinauf zur Altstadt.

› Haltestelle: „Molard"

Immer ein Vergnügen: eine Fahrt mit dem Taxiboot auf dem See

Rive Gauche

18 Jardin anglais ★★ [L9]

Genf hat gleich zwei Wahrzeichen: die Wasserfontäne Jet d'eau 19 und die berühmte **Blumenuhr** im Jardin anglais. Dieser englische Park breitet sich zwischen dem Südende der Pont du Mont-Blanc [K8], der 1862 erbauten Brücke, die den Bahnhof mit der Rive Gauche, dem südlichen Seeufer, verbindet, und dem Quai du Général-Guisan bzw. dem Quai Gustave Ador aus. Der Jardin anglais wurde 1854 angelegt und mit Büsten, Statuen, Pavillons und verschiedenen Blumenbeeten ausgestattet.

Inmitten des Grüns, dort wo die Brücke in den Quai du Général-Guisan übergeht, liegt das Wahrzeichen der Uhrenmetropole, das **Symbol der Genfer Uhrenindustrie:** die **Horloge Fleurie.** Die 1955 konstruierte Blumenuhr besteht aus acht konzentrischen Kreisen farblich aufeinander abgestimmter Blumenreihen, die zweimal jährlich ausgewechselt werden und aus jeweils 6500 Einzelpflanzen bestehen. In Sichtweite steht das 1869 eingeweihte **Monument National,** dessen Bronzefiguren von Helvetia und Geneva an den Beitritt Genfs zur Eidgenossenschaft 1815 erinnern. Seit 2017 steht dahinter ein **Riesenrad.**

› Haltestelle: „Métropole"

19 Jet d'eau ★★★ [M8]

Die 140 m hohe Wasserfontäne im Hafenbecken am südlichen Seeufer, einst nur das Sicherheitsventil der Wasserwerke, ist seit Ende des 19. Jh. das Wahrzeichen der Stadt.

Vom Jardin anglais fällt der Blick nicht nur auf die beeindruckende Kulisse der Stadt auf beiden Seiten des Genfersees, sondern auch auf die sogenannte **Rade de Genève** – jene Stelle, wo der Genfersee in die Rhône übergeht und Wassertaxis sowie Ausflugsboote das tiefblaue Wasser bevölkern. Unübersehbar beherrscht der Jet d'eau nahe einem Pier, der der Promenade du Lac bzw. dem Quai Gustave Ador vorgelagert ist, die idyllische Szenerie.

MEIN TIPP

Rundfahrt auf dem See

Ein besonderes Erlebnis ist eine Rundfahrt auf dem Genfersee mit einem der historischen Dampfer oder eine Tour mit den *Mouettes,* den **Wassertaxis.** Am Fuße der Pont du Mont-Blanc, im Nordwesten des Jardin anglais 18, befindet sich eine der **Bootsanlegestellen** der CGN, die verschiedene Rundfahrten, u. a. Dinner Cruises mit den Schiffen der „Flotte belle époque", auf dem Genfersee anbietet (s. S. 125). Umsonst für Hotelgäste, aber ebenso reizvoll, ist eine Seeüberquerung mit den kleinen gelben *Mouettes* (s. S. 130).

121ge Abb.: mb

145ge Abb.: mb

Die **gewaltige Wasserfontäne** im Hafenbecken fungierte ursprünglich als Sicherheitsventil der Wasserwerke, wurde jedoch 1891 zu einem gigantischen Springbrunnen umfunktioniert und so zum Symbol Genfs und damit zur Touristenattraktion. 1951 mit einer autonomen Pumpenstation ausgestattet, werden pro Sekunde nun 500 l Wasser etwa 140 m hoch mit einer Geschwindigkeit von 200 km/h hinauskatapultiert. Nur bei starkem Wind und Kälte sowie zum jährlichen Check im November drehen pensionierte Herren vom Wasseramt, die allein dafür zuständig sind, den Hahn zu. Ansonsten ist die Wasserfontäne von mindestens 10 Uhr am Morgen bis Sonnenuntergang, im Sommer und an Wochenenden länger (dann illuminiert) in Betrieb.

› Haltestelle: „Eaux-Vives“ (Mouettes) oder „Vollandes“ (Bus E, G, 2 und 6), ww2.sig-ge.ch/a-propos-de-sig/nous-connaitre/sites_expositions/jet_deau

Rosengarten im Parc La Grange

20 Pierres du Niton ★ [L8]

Mitten in der *Rade*, nahe dem südlichen Ufer, ragen zwischen Jardin anglais und Jet d'eau im Wasser **zwei große Felsbrocken** heraus, auf denen gerne Wasservögel brüten: die sogenannten „Neptunsteine“ bzw. Pierres du Niton. Die Felsblöcke sollen sich bereits seit der Eiszeit an eben dieser Stelle befinden und galten als rituell-kultischer Ort. Der größere von beiden Felsen diente General Henri Dufour als **Bezugspunkt für die kartografische Landesvermessung der Schweiz** und für seine 1864 erstellte, inzwischen legendär gewordene Karte im Maßstab 1:100.000.

› Haltestelle: „Métropole“

21 Parcs La Grange und Eaux-Vives ★★ [O8]

Spaziert man am südlichen Seeufer, der Rive Gauche, vom Jet d'eau entlang dem Quai Gustave Ador weiter Richtung Osten, erreicht man den **Parc La Grange**. Mit sei-

144ge Abb.: mb

nen 12.000 m² ist dieser Park eine der größten Grünanlagen der Stadt. Der an einem Hang gelegene Park bietet einen tollen **Ausblick auf See und Stadt** – besonders bei Sonnenuntergang. Als lebendige Rasenmäher kommen hier übrigens Schafe zum Einsatz.

Berühmt wurde der Park jedoch durch seine **üppige Rosensammlung**, die symmetrisch angelegte **Roseraie** mit Pavillon und Statuenschmuck, mit der 1945 begonnen wurde. An die 200 verschiedenen Sorten sollen in den Beeten wachsen, insgesamt rund 40.000 Rosenstöcke, die besonders während der ersten Blüte im Mai/Juni den Park in ein Blütenmeer verwandeln. Besonders schön ist auch das Areal um das sogenannte Herrenhaus, die **Villa La Grange**, in dem im Juni während eines internationalen Wettbewerbs die schönsten neuen Rosen der Welt ausgezeichnet werden. Nordöstlich davon finden im Rahmen des Sommerfestivals **Musiques en Été** (s. S. 88) kostenlose Freiluftkonzerte auf der Scène Ella Fitzgerald statt. Im oberen Teil des Parks sind schließlich die wildromantisch überwucherten Überreste einer antiken römischen Villa (1. Jh. n. Chr.) auszumachen.

Der Parc La Grange geht im Osten in den **Parc Eaux-Vives** über, vormals Privatgrund des Ingenieurs Louis Favre (1826–1879), dem Erbauer des St.-Gotthard-Tunnels. Der Park ist weniger formal gestaltet, gleicht eher einem Wald bzw. einem Arboretum. Hier liegt das Luxushotel Parc des Eaux-Vives mit Restaurant (tolle Aussicht von der Terrasse). Dahinter befindet sich die Anlage des exklusiven Tennisvereins Club de Genève Eaux-Vives.

› www.parcdeseauxvives.ch, Haltestelle: „Parcs" (Bus 2, 6, E, G)

22 Plage des Eaux-Vives ★★ [N8]

Mit der 2020 eröffneten Plage des Eaux-Vives hat die Stadt Genf ein interessantes Projekt mit Vorbildcharakter umgesetzt. Am Quai Gustave-Ador wurde auf 400 m entlang dem Genfersee eine Mischung aus Naturschutzgebiet und Freizeitareal auf Stadtgebiet geschaffen.

Das öffentliche und frei zugängliche **Strandbad** besteht aus einem Strand – teils Kies, teils Sand – mit

Strandvergnügen am Seeufer

großer Liegewiese und einer langen Promenade. Gleichzeitig wurde ein großer Teil des neu aufgeschütteten und ausgewiesenen Areals in eine unter Naturschutz stehende **See- und Marschlandschaft** verwandelt.

Auf der einen Seite – der **Zone détente** und der **Promenade plage** – tummeln sich die Menschen, baden, spielen, feiern, sonnen und erholen sich. Sanitäranlagen und Umkleiden verstecken sich unter zwei grauen Betonkuben, die wie Felsblöcke wirken. Nur durch einen niedrigen Holzzaun von den öffentlichen Flächen abgetrennt, versucht man andererseits in der **Zone Nature**, mehr und mehr Vögel, Amphibien und Fische anzusiedeln. Im Westen schließt sich ein Sandstrand für Familien und Kinder an **(Baby-Plage)**, im Osten wird die Anlage zum Jachthafen hin durch die **Passerelle Môle** abgeschlossen, einen Steg, der zu einem Restaurant und einer Buvette führt, untergebracht in einem Gebäude, das auf Pfählen in den See gebaut wurde.

Neben den Einheimischen, die vor allem an Wochenenden dieses Badeareal für sich entdeckt haben, ist es auch für Besucher ein idealer Ort zum Entspannen. Gegenwärtig mangelt es noch an Schatten durch Bäume und Büsche, Beton und Stahl lassen das Areal noch etwas steril wirken.

› www.geneve.ch/fr/plage-eaux-vives, www.ge.ch/dossier/plage-publique-eaux-vives, https://restoplage.ch, Haltestelle: „Parcs et Plage des Eaux-Vives" (Bus 2,6, E, G)

23 Genève-Plage ★ [P6]

Vorgelagert am Seeufer erstreckt sich ein weiteres **öffentliches Strandbad:** Genève-Plage. Es befindet sich bereits am Übergang zum östlichen Vorort Cologny am südlichen Ufer des Genfersees, der Rive Gauche. Die historische Anlage ist 1932 zusammen mit dem Jachtklub Société Nautique de Genève entstanden, der bis heute jährlich die berühmte Segelregatta „Le Bol d'Or Mirabaud" ausrichtet. Das Bad besteht aus drei Teilen: Tropical Geneva mit Board-Verleih, dem eigentlichen Bad mit Strand und Schwimmbecken sowie dem Bain Blue (Hammam und Spa).

Von hier ist es anschließend nur ein kurzer Spaziergang hinauf zur Fondation Bodmer (s. S. 63) in Cologny.

› Quai de Cologny 5, Mitte Mai–Mitte Sept. 10–20 Uhr, CHF 7, www.geneve-plage.ch, Anfahrt: Die Buslinien 2, 6, G und E verbinden entlang dem südlichen Seeufer die oben genannten Parks und das Strandbad, Haltestelle: „Genève-Plage". Zudem fahren hier die Mouettes der Linien 3 und 4 ab.

24 Eaux-Vives ★ [M9]

Am südwestlichen Ende des Parc La Grange 21, begrenzt durch die Av. William-Favre, dort wo die Rue des Eaux-Vives als Hauptachse vom Quai Ador abzweigt, beginnt der Stadtteil Eaux-Vives, der einen Abstecher lohnt. Dieser – bis 1930 unabhängige – Stadtteil zeichnet sich zum einen durch seine **Architektur** aus, andererseits dadurch, dass hier etliche internationale **Restaurants** zu finden sind.

Die **Mairie des Eaux-Vives** (Rue de la Mairie 37) [M9] ist ein architektonisch auffälliger Bau aus dem Jahr 1906 im typischen „Schweizer Stil" mit großer Uhr. Das **Maison du Paon** (Av. Pictet-de-Rochemont 7), um 1900 entstanden, ist dagegen ein Musterbeispiel für Jugendstilarchitektur in Genf.

In der Rue de la Terrassière 10–22 [M10] kann man nachvollziehen, wie das Viertel noch bis Mitte des 20. Jahrhunderts aussah: mit Werkstätten, bescheidenen kleinen Häuschen, Gemüsehändlern und anderen Lädchen. Auch die umgebenden Straßen – Maison-Rouge, Templiers, Vinaigrerie und Midi – lohnen einen Bummel. Nur ein paar Schritte entfernt wartet dann wiederum große Architektur auf den Stadtbummler: In der Rue St. Laurent 2–4 [M10] befindet sich der einzige **Bau von Le Corbusier** in Genf (1931).

› Haltestelle: „Pl. Eaux-Vives"

25 Musée d'Histoire Naturelle ★ [M10]

Das Musée d'Histoire Naturelle gilt als das **größte naturwissenschaftliche Museum der Schweiz** und **ruft speziell bei Kindern Begeisterung hervor.** Besonders interessant für die Kleinen sind die nachgestellte Landschaft mit tropischen Tieren im Zentrum des Erdgeschosses und die Replik eines Dinosauriers. Ebenfalls im Erdgeschoss gibt es eine Einführung in die regionale Fauna. Im ersten Obergeschoss stehen Säugetiere und Vögel im Mittelpunkt, im zweiten Stock Amphibien, Reptilien und Insekten. Im dritten Stock werden die Erdgeschichte, Mineralien und Geologie der Region sowie im obersten Geschoss die Geologie der Schweiz dem Besucher nahegebracht.

Wie ein Modell in der Lobby zeigt, ist ein neuer Anbau geplant, in dem v.a. Filme gezeigt werden sollen.

› Rue de Malagnou 1, www.ville-ge.ch/mhng, Di.–So. 10–17 Uhr, Eintritt frei, Sonderausstellungen kostenpflichtig, Bus 20, 27, Haltestelle: „Muséum" (Bus 1, 8)

Rive Droite

Gegenüber dem Jardin anglais 18 und jenseits der Pont du Mont-Blanc beginnt das westliche Ufer des Genfersees, die „Rive Droite". Hier zieht sich eine **Seepromenade** bis hinauf zu den Gebäuden der UNO 43. Zwei **interessante Stadtviertel** um den hier befindlichen Hauptbahnhof, den Gare de Cornavin [J7], Les Pâquis und Les Grottes, lohnen ebenfalls einen Abstecher.

26 Les Pâquis ★ [K7]

Das Quartier des Pâquis gilt als **eines der buntesten und multikulturellsten Viertel** von Genf und wird gerne mit San Franciscos alternativem Stadtteil Haight-Ashbury verglichen. Einerseits ist es berühmt-berüchtigt als Rotlichtviertel und gilt mit seinen Nachtklubs und Bars in der Rue de Berne als etwas verrucht, andererseits bietet es einen vielseitigen und spannenden Kulturmix zwischen Quai du Mont-Blanc und Rue de Lausanne am Gare de Cornavin, dem Hauptbahnhof Genfs. Hauptachse des Viertels ist die Rue des Pâquis [K–L7] und an der Place de la Navigation [K7] lässt es sich nett sitzen.

Südlich von Pâquis schließt sich entlang dem Rhône Nordufer das **Viertel Saint-Gervais** 32 an, eine der ältesten besiedelten Ecken der Stadt. Am Übergang beider Stadtteile, wo die Rue du Mont-Blanc vom See zum Bahnhof führt, erhebt sich das sehenswerte Four Seasons Hôtel des Bergues (Quai des Bergues 33, mit empfehlenswerter Bar). Auf dieses folgt nordostwärts mit dem Square du Mont-Blanc eine städtebaulich interessante Platzanlage.

› Haltestelle: „Gare Cornavin"

050ge Abb.: mb

Ein monumentales, gotisierendes Denkmal: das Monument Brunswick

27 Monument Brunswick ★ [K8]

Nordwärts anschließend, fällt umgeben von einem Pärkchen am Quai du Mont-Blanc ein auffälliges Bauwerk ins Auge: das Monument Brunswick. Dieses **monströse gotisierende Denkmal** schmückt die Grabstätte von Herzog Karl II. von Braunschweig. 1804 geboren, wurde er 1830 entthront und aus seiner Heimat vertrieben. Über Paris gelangte Karl nach Genf, wo er seine letzten drei Lebensjahre (1870–1873) verbrachte. Er vermachte sein riesiges Vermögen der Stadt unter der Bedingung, dass er ein **Mausoleum** im Stil des Scaligeri-Grabs in Verona aus dem 14. Jh. errichtet bekäme.

› Haltestelle: „Mont-Blanc“

28 Hôtel Beau-Rivage ★ [L7]

Das legendäre Hôtel Beau-Rivage (Quai du Mont-Blanc 13), in dem der Herzog Karl II. (siehe 27) starb, liegt unübersehbar ein kleines Stückchen weiter am Quai du Mont-Blanc. Bemerkenswert ist, dass dort nicht nur er starb, sondern auch andere Prominente, z. B. 1898 die **österreichische Kaiserin Sissi**, die zuvor auf der Hafenpromenade mit einer zugespitzten Feile oder einem Stilett verletzt worden war, oder 1987 der damalige Ministerpräsident von Schleswig-Holstein, Uwe Barschel.

Auch wer nicht zu den wenigen Glücklichen gehört, die sich hier eine Übernachtung oder ein Gourmetdinner im „Le Chat-Botté“ leisten können, kann kostenlos einen Blick in die Lobby werfen. Auch der *five o'clock tea* in Albertine's Bar oder ein Drink auf Le Terrasse sind bezahlbar.

› Quai du Mont Blanc 13, www.beau-rivage.ch, Albertine's Bar tgl. 11–22 Uhr geöffnet, Haltestelle: „Mont-Blanc“

146ge Abb.: mb

101ge Abb.: mb

29 Bains des Pâquis ★★ [M7]

Flaniert man weiter am Ufer entlang, gelangt man zum **Port des Mouettes**, der Anlegestelle der Wassertaxis, der Mouettes und der CGN-Schiffe. Hier breitet sich ein formal angelegtes Pärkchen direkt am Wasser aus, durch das vor allem sonntags Genfer Familien mit Vorliebe flanieren. Vorbei am Jachthafen beginnt die große Hafenmole mit der **öffentlichen Badeanstalt** – Les Bains des Pâquis.

An der äußersten Spitze der Mole befindet sich der **Leuchtturm Jetée des Pâquis** (auch Phare des Pâquis genannt). Dieser Leuchtturm nach Plänen von Leopold Blotnitzki wurde 1860 in Betrieb genommen, um die Zufahrt zu den Schiffsanlegestellen zu markieren.

Eine öffentliche Badeanstalt an dieser Stelle gibt es schon seit 1872, seit 1890 ist sie für alle Genfer zugänglich. 1932 wurden die vormaligen Holzbaracken durch stabile Bauten ersetzt. Ein Volksreferendum konnte in den späten 1980er-Jahren gerade noch den Abriss der Anlage verhindern und dank der Initiative der Bevölkerung und des Einsatzes von Künstlern, Musikern, Zeichnern, Journalisten und Kaufleuten war die Renovierung des Bads 1988 beschlossene Sache. Heute handelt es sich nicht nur um ein beliebtes, wenn auch schlichtes Schwimmbad mit Sauna und Dampfbad in der kühleren Jahreszeit sowie dem günstigen Restaurant Buvette des Bains des Pâquis (s. S. 67), in dem auch Käsefondue angeboten wird. Das Areal um die Bains des Pâquis ist zugleich ein **be-**

Monument für die 1898 in Genf ermordete Kaiserin Sissi

Bain des Pâquis an der Rive Droite

liebter Treffpunkt der Genfer Jugend am Abend und von Musikfreunden am Morgen (Sommerkonzerte „Les Aubes", tgl. im August 6–7 Uhr, Eintritt frei).

› Quai du Mont-Blanc 30, www.bains-des-paquis.ch, Zeiten saison- und wetterabhängig, Eintritt CHF 2, Umkleide-Schlüssel CHF 3. Auch Massagen, Sauna und Hammam. Haltestelle: „Mont-Blanc" oder „Pâquis" (Mouettes).

30 Parc Mon Repos und Parc Barton ★★ [L5]

Nördlich der Bains des Pâquis wendet sich das Seeufer nordwärts und es folgt eine Reihe von Parkanlagen direkt am See, die einst in Privatbesitz waren, heute jedoch öffentlich sind und damit die grüne Stube der Stadt.

Folgt man der Uferpromenade Quai Wilson vom Pâquis, markiert das **Palais Wilson** den Beginn der Parkanlagen, die nordwärts zur UNO führen. Das Palais Wilson war 1875 als Nobelherberge „Hôtel National" eröffnet worden. 1919 wurde auf Anregung von US-Präsident Woodrow Wilson der Völkerbund (Vorgängerorganisation der UNO) gegründet, dessen erster Generalsekretär sich im Palais einrichtete. 1987 abgebrannt, wurde der ab 1924 „Palais Wilson" genannte Bau wieder aufgebaut und dient heute als Sitz des UN-Hochkommissariats für Menschenrechte.

Als ersten Parkteil erreicht man den **Parc Mon Repos** und stößt zunächst auf „La Libellule", ein privat betriebenes **Naturzentrum** (Mi./So. 13–17 Uhr, https://lalibellule.ch), an dem auch botanische Touren starten. Zwei weitere Anziehungspunkte im Park sind das **Museum zur Geschichte der Wissenschaften** (Musée d'Histoire des Sciences, s. S. 64) und das Restaurant Perle du Lac. Mitten im Park liegt die Villa Bartholoni, in der sich das einzigartige Musée d'Histoire des Sciences befindet. Die Villa – 1828–1830 im klassizistischen Stil erbaut und von dem Bankier François Bartholoni finanziert – gelangte 1926 in städtischen Besitz. Allein die Wandmalereien im pompejanischen Stil sind sehenswert, vor allem aber beeindruckt die **Sammlung alter wissenschaftlicher Instrumente** – Mikroskope, Barometer, Sonnenuhren u. a. –, außerdem sind Bücher und Dokumente ausgestellt.

Im Norden des Parc Mon Repos schließt sich der **Parc Barton** an. Die einstige Besitzerin Alexandra Barton-Peel, Witwe des reichen britischen Konsuls Daniel Fitzgerald Packenham Barton (1850–1907), weigerte sich 1926, ihr Seegrundstück an den Völkerbund zu verkaufen. Sie überließ ihr Land der Stadt und verhinderte so die Bebauung der Seepromenade mit großen UN-Verwaltungsbauten. Seit 1935 ist der Park

Mein Tipp

Restaurant mit Taxianschluss

Besonders idyllisch genießt man einen Kaffee, einen Imbiss oder ein romantisches Dinner auf der **Terrasse des Restaurants La Perle du Lac** (s. S. 68) – bzw. bei schlechtem Wetter im Wintergarten. In diesem Restaurant direkt am See isst man nicht nur gut, sondern kann auch bequem auf sein Boot warten oder am kleinen vorgelagerten Strand ein Bad nehmen. An der Seeseite liegt ein kleiner Hafen mit Anlegestelle der „Mouettes Genevoises", jener **Wassertaxis,** die beide Seeufer miteinander verbinden. Hier legt die Ligne M4 zum Quai Gustave Ador („Genève-Plage") am linken Ufer ab.

122ge Abb.: mb

öffentlich zugänglich. Durch ein Sequoia-(Mammutbaum-)Wäldchen erreicht man die Villa Barton, die heute der Sitz des Institut de hautes études internationales et du développement (IHEID) ist.

› Haltestelle: „De-Chateaubriand" (Bus 1, 25, Mouettes)

31 Conservatoire et Jardin Botanique ★★★ [K4]

Der Jardin Botanique ist die schönste Parkanlage der Stadt und eine beliebte Erholungsoase. Im größeren Westteil gibt es mehrere botanischen Abteilungen, im Osten eine naturbelassene Landschaft.

Am nördlichen Ende des Parc Barton führt eine **Fußgängerunterführung** unter der viel befahrenen Route de Lausanne hindurch zum sehenswerten Jardin Botanique, der sich landeinwärts bis zur Eisenbahntrasse erstreckt.

Bereits 1817 war von A.-P. de Candolle (1778–1841) der erste Botanische Garten im heutigen Parc des Bastions 37 ins Leben gerufen worden. 1904 wurde er an den Stadtrand verlegt und auf 28 ha Grund **16.000 Pflanzen aus aller Welt** und verschiedener Spezies in verschiedenen Abteilungen – wie Arboretum, Rocailles (Alpingarten), Rosengarten, geschützte und Medizinalpflanzen, Gewächshäuser, Duft- und Berührungsgarten – angesiedelt.

Zum Komplex gehören die **Villa le Chêne** mit einer großen botanischen Bibliothek und einem Herbarium (Sammlung getrockneter und gepresster Pflanzen), ein kleiner Zoo (Parc aux Animaux) sowie ein Fôret Enchantée („Zauberwald") für Kinder. Auf einem kleinen Hügel gibt es dazu einen **großen Spielplatz** und ein

Grüne Pracht im Jardin Botanique

Lokal mit Freiplätzen (teils Selbstbedienung, teils Service), günstigem Tagesgericht (*plat du jour)* und einen Gartenshop. Neuste Zufügung im Süden sind die **Jardins Éthnobotanique**, in denen es um die Verwendung von Kulturpflanzen – zum Essen, als Medizin, für Parfüms oder Textilien – geht. Der „wildere" Ostteil des Gartens (Terre de Pregny) hat alten Baumbestand, eine große Wiese sowie einen Duft- und Tastgarten zu bieten.

› Zugänge Jardin Botanique: Parc Barton, Chemin de l'Impératrice und Av. de la Paix, www.ville-ge.ch/cjb, im Sommer 8–19.30 Uhr, sonst 8–17 Uhr, Eintritt frei, mit Besucherzentrum in der Villa le Chêne, Lokal und Gartenshop. Haltestelle: „Jardin Botanique" (Bus 1, 11, 25, 28)

32 Saint-Gervais ★ [J8]

In dem an Pâquis anschließenden Bahnhofs- und Arbeiterviertel Saint-Gervais hat man die ältesten Siedlungsspuren der Stadt aus der Jungsteinzeit (Neolithikum) gefunden. Viel später siedelten sich hier bevorzugt **Uhrmacher, Graveure, Juweliere und Goldschmiede** an.

147ge Abb.: mb

Basierend auf einem Heiligtum aus dem 4. Jh. wurde der **Temple Saint-Gervais** (Rue Terreaux-du-Temple) errichtet, der 1345 abbrannte und Mitte des 15. Jh. im gotischen Stil neu entstand. Die Reformation forderte auch hier ihren Tribut: Die Kirche wurde zum schlichten, schmucklosen Tempel umgewandelt und erst während Restaurierungen im 19. Jh. wurden sehenswerte Fresken und Malereien wieder aufgedeckt.

Die größte katholische Kirche der Stadt ist die nahe gelegene **Basilique de Notre-Dame** (Place de Cornavin), die nach einer Landschenkung an die Gemeinde 1852–1857 über der Festungsanlage Cornavin im gotisierenden Stil in Sandstein erbaut wurde.

› Haltestelle: „Gare Cornavin"

33 Quartier des Grottes (Les Schtroumpfs) ★ [I7]

Das ungewöhnliche Wohnviertel **Les Grottes** wurde 1982–1984 von Robert Frei, Christian Hunzicker und Georges Berthoud erbaut. Es erinnert in seiner Buntheit und mit seinen ungewöhnlichen Formen an das Hundertwasserhaus in Wien.

Das als alternativ geltende Quartier des Grottes erstreckt sich westlich des Gare de Cornavin hinter den Gleisanlagen. Es handelt sich prinzipiell um ein Wohnviertel mit Parks, die vor allem die hier ansässigen Genfer schätzen: dem **Parc de Beaulieu** [I6] (Zugang über die Rue Baulacre) oder dem **Parc des Cropettes** [J7] (Zugang über die Rue Baulacre/de Montbrilland). In Letzterem, nur wenige Schritte östlich des Wohnkomplexes Les Schtroumpfs gelegen, kann man

Mosaikkunst in Les Grottes

den Spielern des Club Pétanque des Cropettes im Boulodrome zusehen.

Im Zentrum des Viertels, an der **Place des Grottes**, befinden sich das **Maison Verte** – das alternative Gemeindezentrum, betrieben von der Association Les Amis des Grottes (www.lamaisonverte-ge.com) – und einige Cafés. Um den Brunnen auf der Place des Grottes herum finden regelmäßig ein Wochenmarkt und verschiedene, meist spontane Veranstaltungen statt. An der Nordseite sehenswert ist ein großer Mosaik-Salamander, der oft als Klettergerüst für Kinder herhalten muss.

Das Viertel gilt als eines der Zentren der **Genfer Street-Art** (s. S. 108) und hat auch eine architektonische Kuriosität zu bieten: **Les Schtroumpfs** (Rue Louis-Favre 23–29). Im ersten Moment fühlt man sich an die Architektur eines Hundertwasser oder Gaudí erinnert oder an ein Bauwerk, das einem Comic mit den Schlümpfen – französisch: „schtroumpfs" – direkt entsprungen ist. Auf diese Weise hat der Gebäudekomplex auch seinen Spitznamen erhalten. 1982–1984 von Robert Frei, Christian Hunzicker und Georges Berthoud erbaut, hat er den Einzug in viele Architekturhandbücher geschafft. Es gibt hier **keine geraden Linien oder monotonen Flächen**, aber viel Farbe, Applikationen und Mosaike, Arabesken und Kurven. Les Schtroumpfs zeigen, dass auch große Wohnblöcke menschengerecht und wohnlich sein können.

› www.geneve.ch/fr/schtroumpfs, Haltestelle: „Grottes" (Bus 8)

Um die Place Neuve

Der Bd. Georges Favon führt vom nördlichen Rhône-Ufer Richtung Place Neuve [J9] und nach Plainpalais (s. S. 45). Am Boulevard finden sich zahlreiche Buchläden, Banken und die sehenswerte **Synagoge Beth-Yaacov** (Place de la Synagogue). Der klassizistische Bau wurde 1857 nach Plänen von Jean-Henri Bachofen errichtet, dem Basler Juristen und Kartografen, der am Kartenwerk von General Dufour mitarbeitete.

34 Victoria-Hall und Grütli ★ [J9]

Die sogenannte Victoria-Hall, eines der Konzerthäuser der Stadt, leitet Richtung Place Neuve über, dem Zen-

055ge Abb.: mb

› *Die Victoria-Hall zählt zu den angesehensten Bühnen Genfs*

MEIN TIPP

Kultur-Pause

Wer eine kleine Pause einlegen möchte, kann dies in dem netten **Café-Restaurant du Grütli** im gleichnamigen Kulturzentrum tun. Im gegenübergelegenen **Café Lyrique** (s. S. 70) trifft man sich vor oder nach einer Vorstellung.

11 [J9] **Café du Grütli,** Rue du Général-Dufour 16, www.cafedugrutli.ch

trum des Genfer Kulturlebens. Die Victoria-Hall wurde 1893 vom englischen Konsul Daniel Fitzgerald Barton in Auftrag gegeben, vom selben finanziert und nach der britischen Queen Victoria benannt. Der Genfer Kunstmaler Dominique Appia war für die Saaldecke verantwortlich und gestaltete sie als Hommage an u. a. den Dirigenten Ernest Ansermet (1883–1969), der 1918 das „Orchestre de la Suisse Romande" gegründet hatte. Nach einem Brand 1984 wurde dieser **„Genfer Tempel der klassischen Musik"** von Grund auf renoviert und dient heute jeder Art von Konzerten.

› Rue du Général-Dufour 14, www.ville-ge.ch/culture/victoria_hall, Haltestelle „Place Neuve" (Tram 12, 18)

Ein paar Schritte entfernt befindet sich ein weiterer Kulturtempel: das „Maison des arts du Grütli", ein **experimentelles Kunstzentrum und Sitz verschiedener Kulturinstitutionen.** Auch hier gibt es Veranstaltungssäle, eine Fotogalerie, ein Tanzstudio, Kinos (www.cinemas-du-grutli.ch) und das Théâtre du Grütli (s. S. 76).

› Rue du Général-Dufour 16, www.ville-ge.ch/culture/grutli, Tel. 022 4183554, Haltestelle: „Place Neuve" (Tram 12, 18)

Der Ostzugang zum Grütli liegt an der **Place Neuve,** dem wichtigsten Platz des Genfer Kulturlebens. Er befand sich früher außerhalb der Stadtbefestigung und breitet sich heute zu Füßen der Altstadt aus. Um ihn herum gruppieren sich mehrere **hochkarätige Kultureinrichtungen:** das Grand Théâtre (Oper) 35, das Konservatorium, das Musée Rath 36 sowie die genannten Grütli und Victoria-Hall.

In der Mitte des Platzes steht das **Reiterstandbild von General Guillaume Henri Dufour** (1787–1875), der nicht nur Militärmann und ab 1847 oberster Befehlshaber der eidgenössischen Armee war, sondern auch Ingenieur und Universitätsprofessor. Er erstellte die erste und umfassendste Landkarte der Schweizer Berge, die „Dufour-Karte". Mit 76 Jahren wurde er in das berühmte „Fünfer-Komitee" berufen, das die Gründung des Roten Kreuzes vorbereitete. Dahinter, auf dem ehemaligen Richtplatz, befindet sich eine Porträtbüste von Henri Dunant.

35 Grand Théâtre ★ [J9]

Dominiert wird der Platz vom **Opernhaus der Stadt,** finanziert vom Erbe des Herzog Brunswick. Wer die Pariser Oper kennt, dem wird dieses 1879 eingeweihte, klassizistisch geprägte Gebäude bekannt vorkommen. An der Hauptfassade befinden sich allegorische Skulpturen und Büsten berühmter Komponisten. Der Bau stammt allerdings von 1962, da bei einem Großbrand während Proben zu Wagners „Walküre" am 1.5.1951 das Originalgebäude fast völlig zerstört wurde. 1962 wiedereröffnet, folgten 1997 und 2006 kleinere Modernisierungen. Von 2016 bis 2019 wurde eine umfassende Renovierung unternommen, sodass das Theater heute wieder in altem Glanz erstrahlt.

› Place de Neuve 5, www.gtg.ch

An der Westseite des Platzes erhebt sich das **Conservatoire de Musique de Genève** (Konservatorium), 1856 errichtet mit einer von der italienischen Renaissance inspirierten Fassade. François Bartholoni hat den Bau dieser berühmten Musikschule finanziert und ihm zu Ehren findet jeden Sommer ein internationaler Musikwettbewerb statt.

› Place Neuve 5, Tel. 022 3196060, https://cmg.ch, Haltestelle: „Place Neuve" (Tram 12, 18)

36 Musée Rath ★★ [J9]

An der Nordseite der Place Neuve neben dem Opernhaus steht das Musée Rath, gegründet von Simon Rath, Generalleutnant in der Armee des Zaren und großer Kunstliebhaber. Nachdem er 40-jährig verstorben war, ließen seine Schwestern Jeanne-Françoise und Henriette Rath ihm zu Ehren dieses Gebäude errichten, um seine **Sammlung exquisiter Kunstwerke** der Öffentlichkeit zugänglich zu machen. Bei der Einweihung des Musentempels im Jahr 1826 galt es als das erste den Schönen Künsten gewidmete Gebäude der Schweiz. Heute finden hier sehenswerte **Wechselausstellungen zu internationaler und Schweizer Kunst** statt.

› Place Neuve, http://mahmah.ch, nur zu Ausstellungen geöffnet, CHF 10. Haltestelle: „Place Neuve" (Tram 12, 18)

37 Parc des Bastions und Mur des Réformateurs ★★★ [K10]

Die rund 100 m lange Wand mit Ihren Inschriften und ihrem Statuenschmuck im Parc des Bastions erinnert an rund 450-jährige Geschichte des Protestantismus.

Zwischen Place Neuve und der erhöht liegenden Altstadt um das

Dem MAH 13 angeschlossen ist das Musee Rath

133ge Abb.: mb

Rathaus bzw. die Promenade de la Treille erstreckt sich der **größte Park der Cité**, der Parc des Bastions, beliebt bei Studenten und bei Schachspielern – der großen Spielfelder auf dem Boden wegen. Bis Mitte des 19. Jh. grenzte die alte Stadtmauer die Altstadt von den tiefer gelegenen Arealen ab. Nach Schleifung der Befestigung entstanden oben die Promenade de la Treille 6 und – vorgelagert – diese Parkanlage.

1909, anlässlich des 400. Geburtstags von Jean Calvin, wurde am Parkrand die Reformationsmauer, die **Mur des Réformateurs**, errichtet. Diese rund 100 m lange Wand lässt die rund 450 Jahre lange Geschichte des Protestantismus Revue passieren. Reliefs erinnern an das Nanter Edikt, den Mayflower-Vertrag oder den Wiener Frieden. Im Zentrum stehen jedoch die **Büsten der wichtigsten Personen der Reformation:**

- **Guillaume Farel** (1489–1565), der als einer der ersten in Genf die Reformation predigte,
- **Jean Calvin** (1509–1564), der „Papst der Reformer",
- **Théodore de Bèze** (1513–1605), erster Rektor der Akademie von Calvin, und
- **John Knox** (1513–1572), Gründer der presbyterianischen Kirche in Schottland.

Hinter den Figuren geschrieben steht das **Motto der Reformation** und von Genf: „Post Tenebras Lux" – nach dem Schatten folgt das Licht. Beidseitig der Hauptfiguren sind Statuen und Reliefs protestantischer Persönlich-

MEIN TIPP

Café im Park

Im Parc des Bastions befindet sich am Hauptzugang an der Place Neuve der **Kiosque des Bastions** (s. S. 70). Hier kann man im Sommer im historischen Rundbau oder draußen unter schattigen Kastanien eine Erfrischung, einen Kaffee oder etwas zu essen genießen. Für Eilige oder Sparsame gibt es einen kleinen Selbstbedienungskiosk.

Die massive Reformationsmauer im Parc des Bastions 37

keiten aus verschiedenen calvinistischen Ländern angeordnet: Cromwell, Roger Williams, die Pilgrims sowie Martin Luther und Zwingli, die in Form von einfachen Namensblöcken das Ensemble abschließen. Schließlich fehlen auch die Wappentiere Genfs (Adler), Berns (Bär) und Schottlands (Löwe) – allesamt Hochburgen der Reformation – nicht.

Die Reformationsmauer ist nur ein Teil des Parc des Bastions, der 1817 als Botanischer Garten eröffnet wurde (jetzt 31) und es gibt weitere Denkmäler, Brunnen und Statuen. Die Hauptachse bildet die 1816 angelegte **Promenade des Bastions**, die vom Universitätsbau einerseits und der Reformationsmauer andererseits eingerahmt wird. In den beiden Flügelbauten des monumentalen Universitätsgebäudes befindet sich die **öffentliche Bibliothek** (BGE) die etwa 2 Mio. Dokumente, Zeichnungen, Fotos und Poster sowie Bücher birgt und in der regelmäßig auch Ausstellungen stattfinden.

› Bibliothèque de Genève, Promenade des Bastions 1, http://institutions.ville-geneve.ch/en/bibliotheque-de-geneve, Di.–Fr. 9–18 Uhr, Sa. 9–12 Uhr, Eintritt frei, Gratis-Internet

Die Ursprünge der **Universität** gehen auf die 1559 im Zeitalter der Reformation von Jean Calvin gegründete Theologieschule zurück. Zunächst befand sie sich im Collège Calvin in der Altstadt (siehe 12), ehe sie in den heutigen Bau von 1872 im Parc des Bastions umzog. Im späten 19. Jh. wurde zudem am östlichen Parkrand das **Palais Eynard** für einen Banker nach Vorbild des Petit Trianon von Versailles errichtet. Es dient heute als Stadthaus (Archive und Sitzungssaal).

› Haltestelle: „Place Neuve“ (Tram 12, 18)

Plaine de Plainpalais und Umgebung

Plainpalais gilt derzeit als das **absolute In-Viertel** der Stadt: Designerboutiquen, Galerien, schicke Pubs und Cafés, Bars und Restaurants reihen sich an den Hauptachsen auf.

Im Zentrum steht die **Plaine de Plainpalais** [I/J10], ein großer Freiplatz, der eine abwechslungsreiche Geschichte hinter sich hat. In der Vergangenheit ein Sumpfareal, dann als Viehweide und als Festplatz genutzt, ließ der Herzog von Rohan 1637 eine Promenade bauen und im 18. Jh. entstand ein Hinrichtungsplatz. Zugleich wurde hier auch immer Gemüseanbau betrieben, ehe im 19. und 20. Jahrhundert der Platz als ideal für Kundgebungen und Demonstrationen befunden wurde.

Während der beiden Weltkriege fungierte das Areal auch als Aufmarschplatz, verkam danach mehr und mehr und wurde zum Parkplatz,

MEIN TIPP

Märkte auf der Plaine

Der **Wochenmarkt** (Di./Fr. 6–15, So. 8–19 Uhr) bietet ein relativ preiswertes Angebot an Frischwaren, vor allem Käse (Gruyère!) und Wurstwaren der Bauern aus der Umgebung. Sonntags gibt es dazu Verkaufsstände mit Neuwaren (Kleidung, Haushaltwaren etc.). Jeden Mi. und Sa. 6.30 bis 17.15 bzw. 18.15 Uhr (Sommer) sowie jeden 1. So. im Monat findet ein riesiger **Flohmarkt** *(Marché aux puces et brocante)* statt. Da überwiegend Privatleute verkaufen, kann man mit etwas Glück gute Schnäppchen machen (Keramik, Haushaltswaren, Bücher, Comics, Kleidung …).

auf dem seit 1970 regelmäßig ein großer **Flohmarkt** (s. S. 83) stattfindet. Ein Wochenmarkt wurde installiert und die Plaine dient als **Festplatz für Zirkus, für Freiluftkino, Konzerte und andere Veranstaltungen.** Obwohl er inzwischen auch mit einem Pétanque- und Kinderspielplatz sowie einer Skaterbahn versehen wurde, hat der Platz den Charme einer tristen Asphaltfläche aus den 1970er-Jahren noch immer nicht ganz ablegen können.

Mitten im Stadtviertel befindet sich der weitläufige, idyllisch-parkartige Stadtteilfriedhof, der **Cimetière de Plainpalais** oder **du Roi** [I9]. Hier sind einige Genfer Persönlichkeiten begraben, z. B. Jean Calvin (Grab Nr. 707), der Maler Calame (Nr. 603) und General Dufour (Nr. 701) sowie der argentinische Schriftsteller Jorge Luis Borges (Nr. 735).

•12 [I9] **Cimetière de Plainpalais,** Rue des Rois 10, www.geneve.ch/fr/cimetiere-rois-plainpalais, tgl. 7.30–19 Uhr

38 Place Rond Point de Plainpalais ★ [J10]

Die Place Rond Point de Plainpalais wirkt als östliches Verbindungsglied zwischen Plaine de Plainpalais und Parc des Bastions auf den ersten Blick wie ein unattraktiver Verkehrsknotenpunkt. Doch dann entdeckt man die **ungewöhnlichen Bronzegruppen wartender Menschen,** die Gérald Ducimetière (alias John Aldus) hier aufgestellt hat und die wegen ihrer täuschenden Echtheit der Haltestelle einen besonderen Reiz geben. Auch die sich ringsum aufreihenden Cafés und Kneipen wie das Café du Rond Point locken zum Verweilen.

› Haltestelle: „Plainpalais" (Tram 12, 15 und 18)

39 Musée d'Art Moderne et Contemporain – MAMCO ★ [I10]

Dass das Viertel Plainpalais schwer im Kommen ist, zeigt auch das Musée d'Art Moderne et Contemporain (MAMCO). In einer renovierten alten Fabrikhalle befinden sich seit 1994 einerseits Ausstellungsräume, andererseits Künstlerateliers. **Zeitgenössische Kunstwerke** von den frühen 1960er-Jahren bis heute werden gezeigt, von Installationen und Videokunst über Malerei bis hin zu Fotos und Skulpturen. Großteils handelt es sich um Leihgaben oder Geschenke.

Im gleichen Bau befindet sich das **Centre d'Art Contemporain Genève,** wo ebenfalls zeitgenössische Kunst, vor allem von jungen Talenten aus der Schweiz, aber auch von internationalen Künstlern in ungewöhnlichen Sonderausstellungen gezeigt wird. Zudem gibt es Aufführungen und Multimedia-Events.

› Rue des Vieux-Grenadiers 10, www.mamco.ch. MAMCO: Di.–Fr. 12–18 Uhr, Sa./So. 11–18 Uhr, CHF 15. Centre d'Art Contemporain: https://centre.ch, Di.–So. 11–18 Uhr, Eintritt frei, Haltestelle: „Bains" (Bus 2, 19)

40 Patek Philippe Museum ★★★ [I10]

Die renommierte Genfer Uhrenmanufaktur hat ein überaus modernes und informatives Uhrenmuseum voller unschätzbar wertvoller Stücke zur Firmen-, aber auch zur Uhrengeschichte im Allgemeinen eingerichtet.

Auch wer sich für derartige Preziosen nicht interessiert, muss das Museum, das sich in einem renovierten Fabrikbau aus dem frühen 20. Jh. befindet, zumindest im Schnelldurchlauf erkunden: Es geht hier nicht nur um

Edeluhren dieser Firma, deren teuerstes Stück für $ 11 Mio. verkauft wurde. Sehenswert ist im zweiten Stock der **Querschnitt durch die Uhrmacherkunst** vom 16. bis zum 20. Jh. in Genf, in der Schweiz und in ganz Europa.

Damit eng verbunden sind verschiedene **Schmuck- und Emailliertechniken** zu bewundern. Nach einem eher unterhaltsamen als informativen Einführungsfilm im Erdgeschoss, in dem sich auch alte Gerätschaften zur Uhrenherstellung befinden, geht es im ersten und dritten Stock um die 1839 gegründete Firma und ihre Produkte. Im oberen Geschoss befindet sich zudem eine einzigartige Bibliothek.

› Rue des Vieux-Grenadiers 7, www.patekmuseum.com, Di.–Fr. 14–18 Uhr, Apr.–Sept. auch Sa., So. 10–18 Uhr, CHF 10 (mit Geneva City Pass frei), Taschen und Fotografieren nicht erlaubt. Haltestelle: „Musée d'ethnographie"(Bus 2, 19), „Plainpalais" (Tram 12, 15, 18)

41 MEG – Musée d'Ethnographie de Genève ★★★ [I10]

Das MEG ist nicht nur wegen des auffälligen modernen Baus eine Besichtigung wert. Auch die Präsentation der Dauerausstellung ist sehenswert und instruktiv, dazu kommen ungewöhnliche Sonderausstellungen.

Von Uhren zu **kunstvollen Masken, Kult- und Alltagsgegenständen** aus Afrika, Amerika, Asien oder Ozeanien ist es quasi nur ein Katzensprung: Im MEG gibt es eine überaus sehenswerte Dauerausstellung zur Kultur aller fünf Kontinente unter dem Namen Archives de la diversité humaine, die überaus attraktiv aufgemacht ist. Dazu kommen eine **historische Musikinstrumentensammlung** und sehenswerte Wechselausstellungen.

MEIN TIPP

Museumstreff

Schön sitzt man auf dem Museumsvorplatz im **Café du MEG** 41. Auf den Tisch kommt hier frisch zubereitetes mediterranes Essen. Besonders beliebt sind der Sonntagsbrunch (11.30–14.30 Uhr) und der Nachmittagstee mit kleinen süßen Häppchen.

› **Café du MEG**, www.meg.ch/fr/cafe-du-meg, Di.–So. 9.30–18 Uhr

Das im **Quartier des Bains** gelegene historische Gebäude wurde 2014 von dem architektonisch sehenswerten, modernen Neubau abgelöst, in dem sich seitdem die großzügigen Ausstellungsräume befinden.

› Bd Carl-Vogt 65, www.meg.ch, Di.–So. 11–18 Uhr, frei (Sonderausstellungen CHF 12), mit Café du MEG (s. o.) und Laden. Haltestelle: „Musée d'ethnographie" (Bus 2, 19)

42 La Jonction ★★ [G10]

Bekannt ist das Viertel La Jonction in erster Linie als Ort des **Zusammenflusses der Rhône mit der Arve.** Eigentlich nichts Ungewöhnliches, doch wer erst einmal hier steht, versteht die Besonderheit dieses Naturphänomens, denn hier fließen zwei Flüsse zusammen, deren Wasser unterschiedlicher nicht gefärbt sein könnte: Da die türkisgrüne, langsamer fließende Rhône und dort die milchiggraue Arve. Nur mühsam vermischen sich beide, bis sie als Rhône weiter Richtung Mittelmeer fließen.

Schon wegen dieses Naturschauspiels ist ein Abstecher zum 25 m hohen Jonction-Viadukt empfehlenswert. Darüber hinaus ist das Viertel als **Hochburg der Street-Art** (s. S. 108) bekannt und bietet einige sehenswerte Beispiele. Und dann wä-

148ge Abb.: mb

ren ja noch die **Strandbäder** entlang der Rhône.

Idealer Ausgangspunkt für einen Rundgang ist die **Pont de Saint-George** [G10]. Unübersehbar präsentiert sich hier an der Kreuzung Quai Ernest-Ansermet/Rue des Deux-Ponts das erste Highlight der Street-Art, das 2021 entstandene, gigantische Wandbild der afrikanischen Künstlerin Karabo Poppy Moletsane (s. S. 110). Auf dem Weg von der Brücke über die nach Nordwesten führende Route des Péniches hinauf in den Bois de la Bâtie und zum **Café de la Tour** (s. r.) sieht man mehr Murals. Vom Café aus ist es nicht mehr weit zum **Viaduc de la Jonction.** Es handelt sich um die **größte Brücke in Genf,** die die Rhône an der Stelle überspannt, wo die Arve gerade einmündet und die beiden eine breite, zweifarbige Wasserfläche bilden.

Dahinter breitet sich Jonction als **dreieckige Landfläche** zwischen den beiden Flüssen aus. Einst waren hier verschiedene Industriebetriebe angesiedelt, zuletzt ein Depot der städtischen Busse und Straßenbahnen. Auf dem Gelände soll demnächst ein neues Eventareal entstehen. Schon jetzt werden erste Teile der **Pointe de la Jonction** für Sommerevents mit DJs genutzt.

Über die 218 Meter lange Bogenbrücke, auf der die Züge des Léman Express fahren und die über eine eigene **Trasse für Fußgänger und Radfahrer** verfügt, geht es hinüber ins Stadtquartier **Charmilles.** Ein Weg führt direkt an der Brücke hinunter zur Rhône, an der bunt bemalten **Station de Pompage des Eaux Usage** vorbei. Entlang dem Uferweg Sentier des Falaises – Pausen und sogar ein Bad in der Rhône sind auch hier möglich – geht es bis zur **Pont de Sous-Terre** [H9], die wieder hinüber nach Jonction und der sich hier bis zur Spitze ausbreitenden **Plage de la Jonction** führt.

› Haltestelle: „Jonction" (Tram 14, Bus 2, 11, 19, D)

13 [F10] **Café de la Tour,** Chem. de la Bâtie 32, www.cafe-tour.ch, So.–Mi. 9–19, Do.–Sa. 9–21.30 Uhr

La Jonction: die Nahtstelle, wo die Arve in die Rhône fließt

Entdeckungen außerhalb

Man sollte auf keinen Fall einen Abstecher zur Zone Internationale versäumen, wo sich die UNO-Gebäude und das Museum des Roten Kreuzes befinden. Ein Kontrastprogramm bilden die beiden stadtnahen Vororte Carouge und Cologny. Schließlich lohnt für Fußballfans ein Blick auf bzw. in das EM-Stadion.

Zone Internationale

Genf ist Sitz von gegenwärtig 178 **Ländermissionen**, 39 **internationalen Organisationen (IOs)** und 432 **Nichtregierungsorganisationen (NGOs)**, die sich zum Großteil um den Sitz der Vereinten Nationen im Norden der Stadt gruppieren. Eigentlich handelt es sich hierbei um keinen „Ausflug", da man das Viertel sogar leicht zu Fuß beziehungsweise nach kurzer Fahrt mit Straßenbahn und Bus erreicht. Dennoch ist das Areal überraschend andersartig und man könnte fast von einer **„Stadt in der Stadt"** (s. S. 105) sprechen. Um diese zu erkunden, sollte man mindestens einen halben Tag einplanen.

Besonders in der sogenannten Zone Internationale [H3] tritt das **multikulturelle und vielsprachige Antlitz der Stadt** zutage, denn Abgesandte aus aller Herren Länder gehen in den verschiedensten Institutionen, darunter an die 180 Ländermissionen, ein und aus. Viele der internationalen Organisationen sind im Umkreis der Place des Nations versammelt, allerdings sind nur ein paar auch für Besucher zugänglich und interessant.

Mehrere große offizielle Weltorganisationen finden sich in direkter Nachbarschaft zueinander und zum UNO-Hauptquartier: die Weltwirtschaftsorganisation WTO (kein Teil der UNO), die Zentrale des IKRK (Rotes Kreuz), die Weltgesundheitsorganisation WHO, das Internationale Arbeitsamt ILO sowie der Ökumenische Rat der Kirchen und das UN-Hochkommissariat für Menschenrechte UNHCR.

103ge Abb.: mb

Das Weltpatentamt in Genf

43 Palais des Nations ★★★ [J3]

Genfs Norden wird von den Bauten der UNO beherrscht, im Zentrum steht der Palais des Nations.

An der Tram-Endhaltestelle liegt die **Place des Nations**, auf der als Denk- und Mahnmal gegen den Gebrauch von Landminen ein überdimensio-

MEIN TIPP

Direkt neben dem UNO-Besuchereingang befindet sich die Hotelfachschule École Hôtelière de Genève mit eigenem, empfehlenswertem Haute-Cuisine-Restaurant in der edlen Villa Vieux-Bois:

14 [I3] **Restaurant Vieux-Bois,** Av. de la Paix 12, Tel. 022 9192426, www.ehg.ch (Menüpunkt „Restaurants")

nierter Stuhl mit einem zerbrochenen Bein und zwei Fresken des Schweizer Künstlers Hans Erni (*1909) ins Auge stechen. Eine **fahnengeschmückte und streng gesicherte Allee** führt zu dem imposanten Palais des Nations (Palast der Vereinten Nationen), allerdings dürfen „Normalbesucher" diesen repräsentativen Weg nicht beschreiten. Ihr Eingang in den europäischen Sitz der UNO – oder auf Französisch „ONU" – liegt einen guten halben Kilometer entfernt im Norden, an der Avenue de la Paix 14.

Jene Institution, deren Hauptziele die Friedenssicherung und der Kampf gegen die Armut sind, residiert in einem Komplex, der zweimal so groß ist wie das Schloss von Versailles, doch nur der Hauptbau aus den 1930er-Jahren darf in Touren besichtigt werden. Der UN-Komplex befindet sich **auf exterritorialem Terrain** mit Autonomie in Rechtsprechung, Steuerangelegenheiten, Zoll und Post. Etwa 1600 Mitarbeiter sind bei der UNO Genf angestellt und über 8000 Sitzungen und Konferenzen finden alljährlich im Palais statt. Die Amtssprachen sind Englisch und Französisch, weitere Umgangssprachen sind Russisch, Arabisch, Spanisch und Chinesisch.

1929–36 als **Völkerbundpalast** mit einer dem Palais de Versailles nachempfundenen Fassade erbaut und seit 1946 Sitz der Vereinten Nationen, ist das Palais des Nations international das **zweitwichtigste Gebäude der UNO** nach dem Hauptkomplex in New York. Weitere Vertretungen befinden sich in Wien und Nairobi.

1968 und 1973 wurde das architektonisch eher unauffällige, neutral wirkende Gebäude um zwei Seitenflügel erweitert. Der gesamte Bauplatz wurde in den 1920er-Jahren dem Völkerbund zur Verfügung gestellt. Gustave Revilliod, auf den auch das Musée Ariana 44 zurückgeht, hatte 1890 seinen gesamten Besitz der Stadt vermacht unter der Prämisse, hier begraben zu werden. Im Jahr 1928 tauschte die Stadt einen Teil ihres Besitzes gegen Ufergrundstücke des Völkerbunds. So wurde der westliche Teil des ehemaligen Revilliod-Besitzes zum Völkerbund- und schließlich UNO-Areal, der östliche blieb hingegen städtisch und wurde zum Botanischen Garten 31 umfunktioniert.

› **Besichtigung:** Visitors' Service, Palais des Nations, Av. de la Paix 14, www.ungeneva.org/en/practical-information/visitors. Aufgrund von Renovierungsarbeiten und als Folge der Coronapandemie sind **derzeit nur Gruppentouren auf Anfrage** möglich, bitte aktuell die Website checken. Da es häufig aufgrund von Personen-/Passkontrollen zu langen Wartezeiten beim Einlass kommt, sollte man genügend Zeit einplanen. Vom Eingangsgebäude geht es zum Infozentrum am Gate 39, wo die (eher oberflächlichen) 60-Min.-Führungen durch den Bau – u. a. durch den Salle des Assemblées/Assembly Room, der mit 2000 Plätzen größer ist als die Pariser Oper, den Salle des Conseils (Spanischer Saal) oder den Salle des Pas Perdus – beginnen.

› **Haltestelle:** „Nations" (Tram 15, Bus 5, 11, V, Z), „Appia" (Bus 8, 28, V, Z)

44 Musée Ariana ★★ [I3]

In einer historischen Villa neben dem Palais des Nations ist eine ungewöhnliche Sammlung an Keramik, Glas, Porzellan und Fayence aus sieben Jahrhunderten zu sehen.

Vom Stifter des heutigen UNO-Areals, Gustave Revilliod, ist noch sein im Jahr 1884 eingerichtetes Musée Ariana quasi vor den Toren des Palais des Nations erhalten. Die von viel Grün umgebene, Ende des 19. Jahrhunderts erbaute, auch architektonisch beeindruckende Villa birgt eine **ungewöhnliche Sammlung an Keramik, Glas, Porzellan und Fayence** – rund 20.000 Kunstgegenstände aus sieben Jahrhunderten sind hier versammelt.

Der sich hier anschließende **Park der Villa** gehört der UNO und ist seit den Terroranschlägen vom 11.9.2001 **nicht mehr zugänglich.** Ein Blick auf den alten Baumbestand und den üppig mit Kunstwerken – meist Gastgeschenke von Repräsentanten aus aller Welt – ausgestattete Park ist lediglich durch Fenster hier und im Palais des Nations möglich.

› Av. de la Paix 10, www.musee-ariana.ch, Di.–So. 10–18 Uhr, Eintritt frei (außer bei Sonderausstellungen: CHF 15), Haltestelle: „Appia" (Bus 8, 28, V, Z)

45 Musée international de la Croix-Rouge et du Croissant-Rouge ★★ [I3]

Im Untergeschoss dieses modernen Museums wird der Besucher multimedial in die bewegte Geschichte und eindrucksvolle Tätigkeit des Roten Kreuzes und des Roten Halbmonds eingeführt.

Gegenüber dem Besuchereingang zum Palais des Nations 43 befindet sich das Musée International de la Croix-Rouge et du Croissant-Rouge, das Internationale Museum des Roten Kreuzes und des Roten Halbmonds.

Allein der moderne Bau mit seinen Kunstwerken im Eingangsbereich ist sehenswert, im Inneren spielt die multimediale Aufbereitung der Geschichte von Rotem Kreuz und Rotem Halbmond eine große Rolle, wobei auf die Emotionen der Besucher gezielt wird. Informationen kommen hingegen etwas zu kurz. Jede Abteilung wurde von einem anderen Architekten konzipiert. Sie widmen sich folgenden Themen: Die Menschenwürde verteidigen, Risiken von Naturgefahren begrenzen, Familienbande wieder herstellen. Dazu kommen Sonderausstellungen.

1988 zu Ehren Henri Dunants und seiner Nachfolger eröffnet, werden in elf Abteilungen die Grundsätze, die Geschichte und die praktische Arbeit des Roten Kreuzes geschildert. Moderne Medien wie Installationen, Objekte, Filme, Computerterminals, Diashows, Fotos, aber auch klassische Ausstellungsstücke machen den Besuch des Museums sowohl abwechslungsreich als auch unvergesslich.

› Av. de la Paix 17, www.redcrossmuseum.ch/de, Nov.–März Di.–So. 10–18, Apr.–Okt. Di.–So. 10–17 Uhr, CHF 15, mit Restaurant und Shop, Haltestelle: „Appia" (Bus 8, 28, V, Z)

MEIN TIPP

Am Seeufer entlang

Nach erfolgter Besichtigung der Zone Internationale bietet sich ein **Spaziergang** durch den Botanischen Garten 31 und entlang dem Seeufer zurück in die Stadt an. Für die rund 4 km sollte man zwar mindestens eine gute Stunde veranschlagen, doch der Weg ist kurzweilig und die Ausblicke sind grandios.

Henri Dunant und das Rote Kreuz

118ge Abb.: mb

Bereits in jungen Jahren war der am 8. Mai 1828 in Genf in der Rue Verdaine 12 als Sohn eines Kaufmanns geborene Henri (auch „Henry") Dunant **besessen von humanitären Ideen.** 1847 gründete er auf dem elterlichen Landgut die sogenannte „Donnerstags-Vereinigung", ein loser Bund junger Menschen, die gute Taten leisteten. Aus dieser Vereinigung ging 1852 der „Christliche Verein Junger Männer" (CVJM) hervor. Schulisch ohne großen Erfolg verließ Dunant im gleichen Jahr das Gymnasium und begann eine Banklehre, um sich ab 1853 Algerien zuzuwenden und dort u. a. eine Kolonialgesellschaft zu gründen sowie ein Getreidemühlenprojekt ins Leben zu rufen.

Zwei Tage im Juni 1859 sollten Dunants Leben ein für alle Mal verändern. Damals erlebte er hautnah die **Schlacht von Solferino** südlich des Gardasees, bei der ein französisch-italienisches Herr die Österreicher schlug. An einem einzigen Tag wurden dort 40.000 Tote und Verletzte verbucht. Unter dem Motto „tutti fratelli" – „alle sind Brüder" – rief daraufhin Dunant eine **spontane Hilfsaktion** mit der örtlichen Landbevölkerung für die auf dem Schlachtfeld verbliebenen Verwundeten ins Leben.

Nach seiner Rückkehr entstand sein Bericht „Eine Erinnerung an Solferino", worin Dunant vorschlägt, „ ... irgendeine internationale, rechtsverbindliche und allgemein hochgehaltene Übereinkunft zu treffen, die, wenn sie erst festgelegt und unterzeichnet ist, als Grundlage dienen könnte zur Gründung von Hilfsgesellschaften für Verwundete". Mit diesem 1862 erschienenen Werk stieß er auf großes Interesse und am 17. Februar 1863 gründeten fünf Personen – Dunant, General Guillaume-Henry Dufour, der Jurist Moynier sowie die beiden Ärzte Appia und Maunoir – in Genf das **„Internationale Komitee der Hilfsgesellschaften für die Verwundetenpflege".** Der Fünferrat verfasste in weiterer Folge die erste Genfer Konvention und legte so den Grundstock für das Internationale Komitee vom Roten Kreuz (IKRK).

Dank Dunants Engagement entstanden in aller Welt Hilfsorganisationen, neutrale Helfer wurden rekrutiert und als **markantes Zeichen** wurde das rote Kreuz auf weißem Grund, ein weißes „Banner mit Purpurkreuz" – die **umgedrehte Schweizer Fahne** – gewählt. Im Russisch-Türkischen Krieg (1876–1878) kam dann der Rote Halbmond als gleichbedeutendes Emblem für islamische Länder dazu. Er wurde 1929 dem Roten Kreuz gleichgestellt und seit 2007 ergänzt das Rote Kristall beide Symbole – das Zeichen des dritten Zusatzprotokolls, das auch andere Glaubensgruppen außer Christen und Moslems integriert.

Nach 1919 entschloss man sich, auch in Friedenszeiten Dienst am Menschen zu leisten und 1949 wurde mit dem **Genfer Abkommen der Schutz der Zivilbevölkerung** festgehalten. Heute existieren weltweit etwa 200 anerkannte nationale Gesellschaften, von denen rund ein Sechstel dem Roten Halbmond zugehört. Die Föderation hat ihren **Hauptsitz in Genf** und darüber hinaus 14 Regionalbüros in aller Welt. Die 1965 auf der Wiener Konferenz beschlossenen und 1986 in die Statuten aufgenommenen gemeinsamen sieben Grundsätze sind Menschlichkeit, Unparteilichkeit, Neutralität, Unabhängigkeit, Freiwilligkeit, Einheit und Universalität.

Dunant selbst war weniger Erfolg beschieden: In Algerien ging er in Konkurs, floh vor seinen Gläubigern nach Paris und London, verarmte und war auf Hilfe seiner Familie angewiesen. Schließlich landete er in einem Altenheim am Bodensee. Dort „entdeckte" ihn ein Journalist und so wurde ihm, wenn auch spät, die gebührende Anerkennung für sein Lebenswerk zuteil: 1901 erhielt er zusammen mit Frédéric Passy den **ersten Friedensnobelpreis.** Am 30. Oktober 1910 starb er im genannten Altenheim und wurde in Zürich bestattet.

◁ Henri Dunant – im Musée international de la Croix Rouge

46 Carouge ★★★ [I13]

Ist Genf selbst von großen Prachtbauten französischen Einschlags geprägt, präsentiert sich das benachbarte Carouge als dörfliches Idyll. Lange Zeit im Besitz des Königreichs von Piemont, glaubt man sich hier plötzlich nicht mehr in der Schweiz oder Frankreich, sondern nach Norditalien versetzt. Hat man den Fluss Arve mit der Tram 12 oder 18 – vom Stadtzentrum nur ein Katzensprung – überquert, taucht man ein in eine andere Welt.

Ehemals ein Teil des unabhängigen Königreichs Piemont-Sardinien, gilt die 1754 gegründete Siedlung als **urbanistisch einzigartig in Europa.** Dass sie auf Anordnung des Königs von Sardinien zum großen Teil im 18. Jh. von Turiner Architekten im piemontesischen Baustil erbaut wurde, erklärt den komplett anderen, **südländisch-italienischen Charakter.**

Im Schachbrettmuster um die **Place du Marché** angelegt, fallen niedrige Häuser mit Galerien und malerischen Gärten auf der Rückseite auf. Erst 1816 erfolgte der Anschluss der savoyisch-katholischen Gemeinde an den damals protestantisch-calvinistischen Kanton Genf.

Die Atmosphäre ist bis heute dörflich und das Städtchen war schon im 18. und 19. Jh. wegen seiner Lokale bei den Genfern als Ausflugsziel beliebt. Heute haben sich in Carouge viele Künstler und Kunsthandwerker niedergelassen – der berühmte Comiczeichner Zep kam im benachbarten Onex als Philippe Chappuis zur Welt.

Es gibt zahlreiche hübsche Ateliers, Galerien und Boutiquen, dazwischen Cafés, Bäckereien und einige sehr empfehlenswerte Lokale und nicht

149ge Abb.: mb

ohne Grund wird der Ort mit seinen Großmärkten auch als der „Bauch von Genf" bezeichnet. Absolut lohnend ist ein Bummel zwischen den beiden Tramstationen „Marché" und „Armes" durch die denkmalgeschütze Altstadt. Besonders schöne Fassaden sind in der **Rue Ancienne** zu bewundern. Sie geht über in die Rues du Marché und St. Victor, zu der parallel die einkaufstechnisch besonders attraktive Rue St. Joseph verläuft.

Ein bunter **Wochenmarkt** auf der Place du Marché um die katholische Kirche Église Sainte-Croix findet regelmäßig mittwochs und – dann größer –samstagvormittags (6–14 Uhr) statt. Man bekommt Käse- und Wurstspezialitäten aus der Region und aus Frankreich, lokalen Wein (ein Tipp!), Gemüse und Obst. Von März bis November gibt es donnerstags von 14 bis 21 Uhr den **Marché du Jeudi Soir**. Ein paar Schritte entfernt, an der Place de Sardaigne, liegt ein Musterbeispiel der typischen Architektur von Carouge: das Haus eines ehemaligen Uhrmachers von 1789 mit sardischem Garten. Heute beherbergt es das **Musée de Carouge** (s. S. 64) mit einer umfangreichen Sammlung an Töpferwaren aus großteils lokaler Herstellung bis hin zu zeitgenössischer Keramik – Carouge war und ist berühmt dafür.

Die nur wenige Schritte entfernte **Place du Temple** ist Symbol für den Beitritt Carouges zur Schweiz 1816. Dominiert wird er von einem mächtigen Tempel im klassizistischen Stil. Um den Brunnen auf der Platzmitte hat die empfehlenswerte Café-Bäckerei Wolfisberg (s. S. 84) Tische und Stühle aufgestellt. Übernachten lässt sich gut und günstig im Ibis Style Carouge (s. S. 128).

Die Confiserien Rohr (s. S. 84) oder Martel (s. S. 84) und die Bäckerei Wolfisberg (s. S. 84) sind ideal für Süßmäuler. Entlang der Rue Saint-Joseph [I13] reihen sich weitere Schokoladen-Spezialisten auf. In der selben Straße gibt es neben Lokalen weitere nette kleine Einkaufsläden und Käsegeschäfte.

Zur Abendunterhaltung bieten sich das Théâtre des Amis (s. S. 75) oder der Jazzklub Au Chat Noir (s. S. 74) an. In der Rue Vautier finden sich außer dem Chat Noir noch andere Bars.

Empfehlenswerte Lokale und Geschäfte in Carouge finden sich auf den Seiten 71, 74 und 84.

› **Infos** im Internet: www.carouge.ch
› **Haltestelle:** „Marché" (Tram 12 oder 18 u. a. ab Bel-Air, ca. 10 Min.)

47 EM-Stadion Stade de Genève ★ [G15]

Schlicht und zweckmäßig wirkt das 2003 erbaute Stade de Genève, Austragungsort von drei EM-Spielen 2008. Zum Komplex gehört das nördlich gelegene **Einkaufszentrum**

La Praille (s. S. 84). Über 60 größere und kleinere Läden, darunter eine große Filiale von Ochsner Sport, ein Buchladen und ein gut sortierter Coop-Supermarkt, eine Bowlingbahn und Kinos sorgen für Abwechslung.

Der Komplex befindet sich zwischen den Vororten Lancy und Carouge, in wenig attraktiver Lage zwischen einem Industriegebiet und Bahnanlagen. Im Juni 1997 hatte der Kanton Genf hier im Quartier La Praille, auf dem Areal des ehemaligen Schlachthofes, den Bau eines neuen Stadions beschlossen. Damals gehörte der lokale **Fußballverein Servette Genf** (s. rechts) noch zu den Schweizer Topklubs und spielte im 1930 erbauten, in die Jahre gekommenen Stade des Charmilles.

Die Bauarbeiten am Stadion begannen im Jahr 2000, die **offizielle Eröffnung** fand 2003 mit einem Länderspiel zwischen der Schweiz und Italien (1 : 2) statt. Insgesamt verfügt das Stadion über gut 30.000 überdachte Sitzplätze, Stehplätze gibt es nicht. Die Haupttribüne liegt im Westen, hier befindet sich auch der VIP-Sektor mit 1226 Plätzen und 29 Privatlogen sowie die Pressetribüne. An der außen umlaufenden Esplanade findet man Versorgungskioske und Souvenirstände sowie zwölf Ausgänge.

› Stade de Genève/Fondation du Stade de Genève, Route des Jeunes 16, Carouge, https://stade.ch.

› **Anfahrt:** Tram 15/17 bis „Lancy-Pont-Rouge-Gare/Etoile" u. 20 Min. Fußweg, Tram 12/18 bis „Lancy-Bachet" u. kurzer Fußweg, Bus D ab Bel-Air (Zentrum) direkt zum Stadion

◁ *Bummel auf der Rue Ancienne in der Altstadt von Carouge*

Servette Genf

Das Sportgeschehen von Genf dominiert die **Eishockeymannschaft** Genève-Servette. 1905 gegründet, war der Verein bis zum Zusammenschluss mit dem HC Genève 1963 Teil des Clubs Servette. Die „Aigles", die Adler, die regelmäßig über 5000 Fans begeistern, spielen seit 2001 in der höchsten Liga und zählen zu den Spitzenteams des Schweizer Eishockeys.

Die **Fußballer** von Servette, die „Grenats", gelten als Schweizer Traditionsmannschaft und haben seit Gründung 1890, zunächst als Rugby-Club, immerhin 17 Meistertitel gewonnen. Der letzte Erfolg liegt zwar lange zurück (1999), doch nach Jahren der Zweitklassigkeit ist das Team 2019 wieder in die 1. Schweizer Liga zurückgekehrt.

Die „Lions", die **Basketballer** der Stadt, zählen derzeit zu den besten Teams in der Schweiz. Die Löwen wurden bisher zweimal Meister (2013, 2015) und mehrmals Pokalsieger.

› **Genève-Servette Hockey Club,** Chemin de la Gravière 4, CH–1227 Les Acacias, www.gshc.ch. Spielstätte:

•**15** [H11] **Patinoire des Vernets,** Rue Hans-Wilsdorf 4–6, www.geneve.ch/fr/patinoire-vernets, Tram 15 bis „Acacias" und kurzer Fußweg

› **Servette Football Club Genève,** Av. de Pailly 11, CH–1219 Châtelaine, www.servettefc.ch. Spielstätte: Stade de Genève 47

› **Lions de Genève,** Spielstätte:

•**16** [G3] **Salle du Pommier,** Chemin du Pommier 11, Le Grand-Saconnex (Bus 3 bis „Gardiol"), www.lionsdegeneve.ch

48 Cologny ★★ [R6/7]

Im östlichen Vorort Cologny wohnen reiche Genfer und Ausländer, Persönlichkeiten und Stars aus aller Welt, die die gediegene Ruhe schätzen und den Blick auf den See genießen.

Cologny ist eine eigene Stadt, grenzt jedoch direkt nordöstlich an der Rive Gauche an den Parc Eaux-Vives 21 und damit an Genf an. Cologny ist das „Bonzenviertel“ von Genf, hier kosten die Immobilien utopische Summen und hier befinden sich die Villen der Adeligen, Unternehmer, Stars und arabischen Ölscheichs. **Lord Byron** wohnte einst hier und veranstaltete mit Percy Shelley und dessen späterer Frau Mary Shelley im verregneten Sommer 1816 ein „Wettschreiben“. Dabei verfasste Mary unter Pseudonym den legendären fantastischen Roman „Frankenstein“.

Die einzige, aber umso empfehlenswertere Attraktion im Ort ist die **Fondation Martin Bodmer** (s. S. 63). Dabei handelt es sich eigentlich „nur“ um die Privatbibliothek von Martin Bodmer (1899–1971) – Philanthrop, Büchersammler und Mäzen aus Zürich, der sich ab Beginn des Zweiten Weltkriegs für das Rote Kreuz engagierte und nach Genf zog. 1951 brachte er seine Büchersammlung nach Cologny, für die Öffentlichkeit zugänglich ist sie seit 2003 in einem **dezent-modernen Bau des Stararchitekten Mario Botta** aus Lugano. 160.000 Dokumente in etwa 80 Sprachen und aus drei Jahrtausenden werden auf beeindruckende Weise präsentiert.

Selbst wer für derartig trockene Materie an sich wenig übrig hat, sollte sich diese attraktiv aufgemachte Sammlung nicht entgehen lassen. Originalmanuskripte und 270 Inkunabeln (Schriften aus der Frühzeit des Buchdrucks, bis Ende 1500), z. B. eine Gutenberg-Bibel, griechische und koptische Papyri (u. a. die Komödien des Mänander), die Urschrift der Märchen der Brüder Grimm, Erstfassungen von Prosa wie Lessings „Nathan der Weise“ und zahllose Erstausgaben wichtiger Werke der Weltliteratur bilden das Herz der Kollektion, die heute von der Stiftung Martin Bodmer verwaltet wird. Der das Museum **umgebende Park** mit Kunstwerken und viel Grün ist ideal zum Verweilen und um den Blick auf See und Stadt zu genießen.

Die Fondation liegt nahe dem **Ortskern von Cologny:** Hier stehen an einem romantischen Platz die Dorfkirche und ein paar Schritte weiter das **Centre Villageois**, ein Muster-

059ge Abb.: mb

beispiel modernen Städtebaus mit Wohnungen, Cafés und Läden inmitten einer Grünanlage. Das alte Zentrum markiert die Kirche, der **Temple de Cologny.** Legendär ist das Toplokal **Le Lion d'Or** mit Hotel. Von der vorgelagerten, frei zugänglichen **Aussichtsterrasse** bietet sich ein grandioser Ausblick auf Stadt und See. Hier könnte man auch auf einer Bank die Leckereien genießen, die man zuvor in der nahen Patisserie-Boulangerie Taillé (s. S. 71) erworben hat.

› **Anfahrt:** Mit Bus A ab Zentrum bis Haltestelle „Cologny-Temple", von dort kurzer Fußweg zur ausgeschilderten Fondation Bodmer; Empfehlung für den Rückweg: schmaler ausgeschilderter Fußweg etwa 1,5 km hinunter zur Genève-Plage 23, von dort per Mouette (Wassertaxi), Bus oder zu Fuß zurück ins Zentrum

17 [R6] **Le Lion d'Or** €€€, Place Pierre-Gautier 5, Tel. 022 7364432, https://liondor.ch, Di.–Sa. 12–14 und 19–22 Uhr, mit Hotel Auberge du Lion d'Or. Toplokal mit Ausblick, außerdem Salon du Thé und Sushi & Sake-Bar zugehörig.

49 Hermance ★

Gut 15 km nordöstlich von Genf entfernt, aber noch im Kanton direkt an der Grenze zu Frankreich gelegen, befindet sich das mittelalterlich wirkende, kleine Hermance.

Die den malerischen Ort überragende **Festung La Tour** (Rue du Couchant 15) stammt aus dem 12. Jh., die Mehrzahl der Wohnhäuser aus dem 15. und 16. Jh. 1271 erstmals als „Eremencia" erwähnt, gehörte die Siedlung ab 1355 mit einigen Unterbrechung zum Reich der Savoyer, die den Ort als Stützpunkt gegen Genf nutzten. Erst 1815 wurde Hermance schließlich dem Kanton Genf zugeschlagen.

MEIN TIPP

Essen, Trinken und Übernachten in Hermance

Chef Andreas Keese zaubert in der **Auberge d'Hermance**, einem der Toplokale im Genfer Raum, vorzügliche Gerichte und ausgewählte Menüs. Man kann sie auch auf der malerischen Terrasse genießen. In dem liebevoll renovierten, alten Stadthaus gibt es auch sieben luxuriöse Zimmer und Suiten.

18 **l'Auberge d'Hermance** €€€, Rue du Midi 12, 1248 Hermance, Tel. 022 7511368, www.hotel-hermance.ch, Do.–Mo., So. Brunch und Abendessen.

Zu den Sehenswürdigkeiten gehört **Le Mestral** (Rue du Bourg-Dessus 11), ein festungsartiges Gebäude, das den Adeligen 1596–1714 als Rückzugsort diente. Die **Église Saint-Georges** (Rue du Bourg-Dessus) ist ein schönes Beispiel einer für einen Genfer Kanton typischen Dorfkirche mit malerischem Kirchturm.

Die **Ruelle des Galeries** präsentiert sich als typische Straße mit Häusern aus dem 16. Jh., v. a. die Nummern 11–15 sind wegen der Außentreppen, ein klassisches Merkmal der lokalen Architektur, sehenswert. Am **Quai** schließlich bietet sich ein guter Ausblick auf den See und das Juragebirge im Hintergrund.

Hermance liegt bereits im **Genfer Weinland,** genauer in der Weinregion „Rive Gauche". Wer mobil ist, kann mit Hermance als Standort gut auf Weintour gehen (s. S. 58).

› **Anfahrt:** Mit dem Bus E erreicht man vom Zentrum („Rive") den kleinen Ort einer guten halben Stunde.

Sehenswert: die Fondation Martin Bodmer (s. S. 63) in Cologny

Die Weinregion Genf

Der Weinanbau in der Schweiz ist **den Römern zu verdanken,** seine Fortentwicklung und sein Aufstieg den umgebenden vier Weinbauländern – Frankreich, Italien, Deutschland und Österreich –, den geologischen und klimatischen Gegebenheiten sowie dem Innovationsgeist und Geschäftssinn der Schweizer. Der Weinanbau verteilt sich heute auf **drei Anbaugebiete:** die Ostschweiz (Deutsch und Rätoromanisch), die französischsprachige Westschweiz und den Kanton Tessin (Italienisch).

Die Rebflächen der Schweiz umfassen rund 15.000 ha (Deutschland: ca. 103.000 ha), drei Viertel davon liegen in der Westschweiz. Die wichtigsten Weinkantone sind das Wallis (Valais), gefolgt von Waad (Vaud), Genf und Tessin (Ticino). Die Deutschschweiz im Gesamten steht flächenmäßig an dritter Stelle, die Suisse Romande führt die Liste an. Nahe Genf erstrecken sich zu Füßen des Jura Weinberge auf ca. 1400 ha Fläche. Das **Genfer Weinland,** national an vierter Stelle rangierend, gilt als **eine der dynamischsten Weinbauregionen** der Schweiz mit rund 95 Weingütern. Zudem war der Genfer der erste Kanton, der Gesetze für die Produktion von Weinen mit kontrollierter Herkunft einführte.

Vorteilhaft für den Weinbau in dieser Region ist nicht nur die Hügellandschaft am westlichen Ende des Genfersees, die die mechanische Bearbeitung erleichtert, sondern auch das günstige Klima, die Bodenbeschaffenheit und die Erfahrungen mit der Weinvermarktung. Schon im 1. Jh. n. Chr. erwähnte Plinius d. Ä. rote Trauben namens „L'Allobrogica", benannt nach der hier lebenden keltischen Bevölkerungsgruppe. Der Rebbau wurde im Jahr 912 n. Chr. durch eine Schenkungsurkunde von Rebbergen ans Augustinerkloster Satigny erstmals dokumentiert.

Im Mittelalter belebte die Kirche den Weinbau neu (Messwein), doch lange importierten die Genfer Wein aus der Savoie. Im 19. Jh. legte man dann wieder Parzellen an und pflanzte Rebstöcke, die jedoch nach der Jahrhundertmitte mehrfach von Krankheiten zerstört wurden. Erst die Gründung von Kooperativen wie Cave du Mandement de Satigny reaktivierte in den 1950er-Jahren den regionalen Weinbau. Seit etwa 1990 ist eine **neue Winzergeneration** am Ruder, die exquisite Tropfen hervorbringt.

Die Region um Genf umfasst **drei Appellationen,** das Mandement am rechten Ufer der Rhône (Rive Droite) mit rund 790 ha als größte. Zum Mandement gehören die Anbaugebiete um Satigny, Peissy, Russin und Dardagny. Der Appellation werden auch die Rebberge von Céligny und Colley-Bossy zugerechnet. Zweite Appellation ist „Entre Arve et Lac" (ca. 280 ha) mit kleinen Parzellen zwischen Cologny und Hermance mit den Weinbergen von Meinier, Choulex und Jussy. Weitere 270 ha erstrecken sich in der dritten Appellation zwischen Arve und Rhône, „Entre Arve et Rhône": die Weinberge um die Gemeinden Berbex, Lully, Confignon, Soral und Laconnex.

Während unter den Weißweinen der **Chasselas** dominiert, ist es bei den roten Rebsorten die spätreifende **Gamay-Traube** und mehr und mehr auch Pinot Noir. Obwohl die Qualität des Chasselas („Gutedel") aus dieser Region weit besser ist als ihr landläufiger Ruf, wenden sich Genfer Winzer ver-

105ge Abb.: mb

stärkt auch den **klassischen Sorten** wie Chardonnay, Pinot Gris (Grauburgunder), Gewürztraminer, Viognier und dem ausgezeichneten Aligoté oder den Rotweinsorten Cabernet Sauvignon und Merlot zu. Eine Schweizer Neuzüchtung ist der **Gamaret (Garanoir)**, eine 1970 im Kanton Waadt eingeführte rote Rebsorte, die aus der Kreuzung von Gamay und Reichensteiner (weiß) hervorging.

Auch lohnenswerte **Weinwanderungen** sind möglich (www.geneveterroir.ch/de/weinwanderungen/4549).

› **Zu den empfehlenswerten Weingütern gehören:** Domaine des Esserts, (Essertines/Dardagny, https://domainedesesserts.ch, Weine auch auf dem Carouger Wochenmarkt), Les Perrières (Peissy, www.lesperrieres.ch), Domaine des Molards (Russin, www.molards.ch, auch Carouger Wochenmarkt) oder Domaine de la Vigne Blanche (Cologny, leicht mit Bus A erreichbar, www.lavigne-blanche.ch).

19 Domaine de Châteauvieux, Chemin de Châteauvieux 16, Peney-Dessus (südlich von Satigny), Tel. 022 7531511, www.chateauvieux.ch. Der Genfer Sternekoch Philippe Chevrier betreibt im Genfer Weinland ein Hotel, ein ausgezeichnetes Restaurant sowie ein Weingut.

› Die wichtigsten **Weinbauorte:** Arve, Celigny, Dardagny, Peney, Satigny
› Im Herbst finden in vielen Weinorten **Weinfeste** (Fêtes des Vendanges) statt, wobei jenes in Russin zu den größten zählt.
› **TukTuk Tours Geneva,** www.geneve.com/de/attraktionen/weinberg-tour-tuktuk oder www.taxibike.ch/de/weinberg-gehen. Mit einem Taxi-(E-)Bike geht es bequem in kleiner Gruppe in die Genfer Weinberge zu lokalen Produzenten, inklusive Weinproben.
› **Weitere Infos:** https://swisswine.ch, www.espace-terroir.ch, https://geneveterroir.ch

176ge Abb.: mb

50 CERN ★

Im westlich gelegenen Meyrin kurz vor der französischen Grenze liegt CERN, das europäische Zentrum für Kernforschung und weltweit eines der größten Forschungszentren für Teilchenphysik.

1954 ins Leben gerufen und ausgestattet mit dem größten Labor der Welt, geht es am CERN *(Conseil Européen pour la Recherche Nucléaire)* um Quantenphysik und Teilchenforschung sowie um die Erforschung der **Geheimnisse des Universums** im Gesamten. Etwa 8300 Wissenschaftler aus fast 60 Nationen forschen hier. Der **größte Teilchenbeschleuniger der Welt,** der sogenannte „Large Hadron Collider" (LHC), ist 2008 in Betrieb genommen worden. Besucher werden ab 2023 Gelegenheit haben, drei statt wie bisher zwei unterschiedliche Areale zu besichtigen: Im **Rezeptionsgebäude** mit Shop starten die Touren und die Ausstellung „Microcosm" gibt Einblick in die Arbeit des Forschungslabors. Architektonisch dominiert der **Globe de la Science et de l'Innovation.** In der leicht im Boden versenkten, 27 m in die Höhe ragenden, dem Erdball nachempfundenen Holzkugel mit 40 m Durchmesser wird man in ungewöhnlichem Ambiente in die Mysterien des Universums eingeführt. 2023 soll schließlich der dritte Bereich, das **Portail de la Science,** eröffnet werden. Auch hier sind spezielle Ausstellungen geplant, zudem soll der wie ein Flugsteig wirkende „Gateway", der die Straße zwischen Rezeption und Globe überspannt, auch für Veranstaltungen genutzt werden.

› **CERN – European Organization for Nuclear Research,** Route de Maurin 385 (Zugänge sind ausgeschildert), https://home.cern, https://sciencegateway.cern, **CERN Rezeption** in Building 33, http://visit.cern, Mo.–Sa. 8–18 Uhr, freier Eintritt, Audio-Touren. Ein Ausweis ist nötig und Gepäck darf nicht mit in die Ausstellungen genommen werden.

› **Anfahrt:** Tram 18 vom Hauptbahnhof Gare de Cornavin

Im Holzglobus, Teil des CERN, werden Ausstellungen präsentiert

GENF ERLEBEN

128ge Abb.: mb

152ge Abb.: mb

Genf für Kunst- und Museumsfreunde

Anders als etwa Basel ist Genf nicht gerade als Kunst- und Museumsstadt bekannt. Dabei gibt es rund 40 öffentliche und private Museen und einige davon sind sogar herausragend und damit ein „Muss", beispielsweise das Musée d'Art et d'Histoire, das Musée International de la Réforme, das Musée International de la Croix-Rouge et du Croissant-Rouge, das Patek Philippe Museum oder die Fondation Bodmer. Beschriftungen sind meist auf Französisch und Englisch, seltener auch auf Deutsch.

Eine der größten völkerkundlichen Sammlungen der Schweiz in einem spektakuluären Neubau: das MEG 41

Vorseite: Immer ein Erlebnis – eine Rundfahrt auf dem Genfersee (s. S. 124)

Museen

Musée d'Art et d'Histoire (MAH)

7 [K9] **Maison Tavel.** Festungsartiger mittelalterlicher Palast der Genfer Familie Tavel in der Nähe des Rathauses, heute Teil der MAH und Museum zur Stadtgeschichte Genfs, inklusive eines Stadtmodells von 1896 (s. S. 20).

13 [L10] **Musée d'Art et d'Histoire (MAH).** Die riesige, modern aufgemachte Kunstsammlung in einem monumentalen Bau aus dem frühen 20. Jh. gibt einen Querschnitt durch die westliche Kultur von den frühen Anfängen bis heute (Archäologie, Schöne Künste, Arbeiten auf Papier, Kunsthandwerk, s. S. 27).

36 [J9] **Musée Rath**, Teil des **MAH**. 1826 als „Musentempel" eröffnetes Kunstmuseum, in dem v. a. Wechselausstellungen zu internationaler und Schweizer Kunst und Archäologie gezeigt werden (s. S. 43).

Weitere Museen

20 [H8] **Bibliothèque de Genève/Musée Voltaire,** Rue des Délices 25 (Bus 27), http://institutions.ville-geneve.ch/fr/bge/connaitre-la-bibliotheque/sites/musee-voltaire/visite, **derzeit nur mit Anmeldung** und Führung zu besichtigen. Voltaire besaß diesen Palast im Stadtviertel Servette 1755–1765 und nannte ihn „Les Délices". Seit 1954 Dokumentations- und Forschungszentrum mit Bibliothek und Museum (Bücher, Manuskripte und andere Dokumente).

21 [K10] **Espace Ami Lullin,** Promenade des Bastions 1, www.ville-geneve.ch/plan-ville/musees/espace-lullin, Mo.–Fr. 12–18, Sa. 9–12 Uhr (im Sommer Mo. geschlossen). Zur Universitätsbibliothek gehörende Ausstellungshalle.

22 [L10] **Fondation Baur – Musée des Arts d'Extrême-Orient,** Rue Munier-Romilly 8, www.fondation-baur.ch, Di.–So. 14–18 Uhr, CHF 10 (Sonderausstellung CHF 15). Mehr als 7000 privat gesammelte Kunstobjekte aus China und Japan sind in einer Villa aus dem 19. Jh. ausgestellt. Auch Wechselausstellungen, dann Mi. bis 20 Uhr geöffnet.

23 [R6] **Fondation Martin Bodmer,** Rue M. Bodmer 19–21, Cologny (Bus A), https://fondationbodmer.ch, Di.–So. 14–18 Uhr, CHF 15, Kinder/Jugendliche unter 18 Jahren frei. Beeindruckende Privatbibliothek Martin Bodmers mit 160.000 Dokumenten, Originalmanuskripten, Inkunabeln, Papyri in modernem Bau von Mario Botta.

4 [K9] **Maison Rousseau et Littérature – MRL.** Geburtshaus Rousseaus, in dem eine multimedial gestaltete Ausstellung im OG einen umfassenden Überblick über Bedeutung und Verdienste des Philosophen gibt (s. S. 17).

41 [I10] **MEG – Musée d'Ethnographie de Genève.** Im Viertel Plainpalais befindet sich diese Sammlung zu den Kulturen Afrikas, Amerikas, Asiens, Europas und Ozeaniens, die außerdem eine anthropologische und ethnomusikalische Abteilung sowie Wechselausstellungen beherbergt (s. S. 47).

44 [I3] **Musée Ariana.** Eine 1884 gegründete Sammlung mit Glas, Keramik und Fayence aus sieben Jahrhunderten in einer prächtigen Villa mit Park im UNO-Viertel (s. S. 51).

8 [K9] **Musée Barbier-Mueller.** Mitten in der Altstadt gelegenes Privatmuseum mit buntem Konglomerat an Ausstellungsstücken zu den verschiedenen Weltkulturen (s. S. 21).

39 [I10] **Musée d'Art Moderne et Contemporain (MAMCO).** Modernste Kunst aller Sparten in ehemaligem Fabrikbau in Plainpalais, zugleich Sitz des **Centre d'Art Contemporain Genève** mit zeitgenössischen Kunstausstellungen und Multimedia-Events (s. S. 46).

Hinweise zu Museen

- **Öffnungszeiten und Preise:** Die meisten Genfer Museen sind außer montags täglich zwischen 10/11 und 17/18 Uhr geöffnet. Städtische Museen wie das Musée d'Art et d'Histoire, d'Ethnographie, Rath, Ariana oder Tavel sind gratis oder erwarten eine Spende – mit Ausnahme von Sonderausstellungen (meist CHF 5–10). Jugendliche unter 18 Jahren zahlen ebenfalls in vielen Museen keinen Eintritt, zudem gibt es für Studenten und Senioren Ermäßigungen.
- **Geneva City Pass:** Freien Eintritt in die meisten Genfer Museen sowie freie oder rabattierte Touren und andere Aktivitäten gibt es mit dem Geneva City Pass für CHF 30/40/50 (1/2/3 Tage Gültigkeit). Infos im Internet unter www.geneve.com/de/sehenswertes/geneva-pass.

082ge Abb.: mb

Uhren der Extraklasse zeigt das Patek Philippe Museum 40

24 [L5] **Musée d'Histoire des Sciences,** Rue de Lausanne 128, Di.–So. 10–17 Uhr, http://institutions.ville-geneve.ch/fr/mhn, Eintritt frei. Einzigartiges Museum zu historischen wissenschaftlichen Instrumenten in der Villa Bartholoni im Parc de la Perle du Lac am rechten Seeufer.

25 [M10] **Musée d'Histoire Naturelle,** Route de Malagnou 1, http://institutions.ville-geneve.ch/fr/mhn, Di.–So. 10–17 Uhr, Eintritt frei (Sonderausstellungen: CHF 10). Größtes naturwissenschaftliches Museum der Schweiz.

26 [I13] **Musée de Carouge,** Place de Sardaigne 2, Carouge (Tram 12, 13), www.carouge.ch/musee, Di.–So. 14–18 Uhr, Eintritt frei. Interessante Wechselausstellungen mit lokalem Bezug (Keramik, Kunsthandwerk, Fotografien u. a.) im renovierten Wohnhaus eines Uhrenmachers aus dem späten 18. Jh. mit Garten.

27 [J11] **Musée du Vieux Plainpalais,** Bd du Pont d'Arve 35, www.aiplainpalais.ch, Mi./Do. 14–17 Uhr, Eintritt frei. Im ehemaligen Rathaus von Plainpalais illustrieren Dokumente, Fotos u. a. die Geschichte des Stadtteils.

45 [I3] **Musée International de la Croix-Rouge et du Croissant-Rouge.** Multimediales, hochinteressantes Museum zu Ehren des Rot-Kreuz-Gründers Henri Dunant und der Organisation. Mit Cafeteria und Shop. Am ersten Samstag der Monate November–März kann man den Eintrittspreis selbst bestimmen (s. S. 51)!

11 [K9] **Musée International de la Réforme.** Museum zur Reformationsbewegung im 16. Jh. im Allgemeinen und zu Jean Calvin im Besonderen, das sich im Maison Mallet neben der Cathédrale befindet. Modern audiovisuell aufgemacht und höchst interessant, Kombiticket mit Cathédrale Saint-Pierre und Site Archéologique CHF 18, Cafeteria und Shop (s. S. 25).

3 [J9] **Musée Tatiana Zoubov.** Drei Altstadthäuser aus der Zeit 1720–1723 nach französischem Vorbild. In edlem Interieur ist die Sammlung der Gräfin Zoubov ausgestellt: Kunsthandwerk,

Möbel, Keramik, Porzellan, Teppiche und Gemälde (s. S. 15).

40 [I10] **Patek Philippe Museum.** Interessantes Museum in edlem Ambiente zur lokalen Uhrmacher- und Schmuckkunst vom 16.–20. Jh. (s. S. 46).

10 [K9] **Site Archéologique de La Cathédrale Saint-Pierre.** Moderne, museal aufbereitete Präsentation der archäologischen Ausgrabungen, die seit 1976 unter der Kathedrale stattfinden und Funde von den frühen Anfängen der Besiedelung und der Kirche bis zur Moderne hervorbrachten (s. S. 23).

Kunstgalerien

Ausgefallene Galerien finden sich in der Altstadt, außerdem im Viertel Plainpalais. Im **Quartier des Bains** gibt es nicht nur während der **Nuit des Bains** (https://quartierdesbains.ch/en) zeitgenössische Kunst zu sehen, sondern ganzjährig in den ansässigen Galerien und im MAMCO 39:

28 [J9] **Centre de la Photographie Genève,** Rue des Bains 28, www.centrephotogeneve.ch, Di.–So. 11–18 Uhr, CHF 5. Zum Bac (Bâtiment d'art contemporain) gehörig, finden hier Wechselausstellungen zeitgenössischer Fotografie (vor allem dokumentarische Bilder) statt.

29 [K9] **Galerie Grand-Rue,** Grand-Rue 25 (Altstadt), www.avv.ch/galeries/galerie-grand-rue, Mo. 14–18.30, Di.–Fr. 10–12 und 14–18.30, Sa. 10–12 und 14–17 Uhr. Gemälde und Zeichnungen.

30 [J8] **Halle Nord,** Place de l'Île 1, www.act-art.ch, Di.–Sa. 14–18 Uhr, Eintritt frei. In der Galerie und Buchhandlung mit Schwerpunkt Kunst und Architektur in einer früheren Markthalle auf der Rhôneinsel werden Wechselausstellungen v. a. lokaler Künstler gezeigt (auch zum Kauf), dazu diverse Veranstaltungen wie Lesungen.

Genf für Genießer

Das Genferseegebiet kann man zu Recht als kulinarisches Zentrum der Schweiz bezeichnen. Hier gibt es die meisten international prämierten Restaurants. Das Spektrum reicht von Haute Cuisine über bodenständige Lokale in Wohnvierteln wie Plainpalais bis hin zu Bistros mit klassischer, aber auch innovativer „cuisine du terroir". Im Großraum soll es um die 1800 Lokale geben, darunter fast ein Dutzend Spitzenrestaurants.

Essen und Trinken

Gastronomie

Die meisten Speisekarten sind **französisch inspiriert** und in französischer Sprache, doch es gibt auch die typischen Schweizer Gerichte wie Fondue oder Raclette. Lokale mit ausländischer Küche kamen in den letzten Jahren vermehrt auf, vor allem italienische, indische und asiatische.

Falafel, Kebab und andere **Imbisse** gibt es an Ständen und in Läden um den Bahnhof und in Pâquis. Überregionale Fast-Food- und Caféketten breiten sich aus, doch eigentlich sind sie in einer Stadt wie Genf nicht notwendig. Die Bäckereikette Pain Paillasse, auf deren Filialen man überall in der Stadt stößt, ist eine gute Alternative. **Kleidungsregeln** werden in einer international-kosmopolitischen Stadt wie Genf ernst genommen, v. a. in gehobenen Restaurants!

Gastro- und Nightlife-Areale

Bläulich hervorgehobene Bereiche in den Karten kennzeichnen Gebiete mit einem dichten Angebot an Restaurants, Bars, Klubs, Discos etc.

093ge Abb.: mb

Auf dem historischen Raddampfer Savoie (s. S. 125) ...

094ge Abb.: mb

... gibt es ein Dreigangmenü bei malerischer Aussicht und sanftem Wellengang

Genfer Spezialitäten

Zu den **traditionellen Genfer Gerichten** zählen *Filets de perche* (Eglifilet), *Longeole* (grobe Schweinerohwurst mit Fenchelsamen), *Cardons au gratin* (Artischockengemüse – ein typisches Weihnachtsgericht), *Fricassée de porc* (Schweineragout), außerdem diverse Fischgerichte wie *Omble-chevalier* (Saibling) oder *Gratin aux écrevisses* (Süsswasserkrebse).

Spezialitäten außer den Würsten – *Longeole* und *Andouille* (mit Innereien gefüllt) als bekannteste – sind das dem Bündnerfleisch ähnliche *Viande séchée* (auch aus Pferdefleisch) und die große Käseauswahl. Gerade die *Gruyères* aus dem nahen Umland gibt es in den unterschiedlichsten Reifestufen, von mild bis vollreif, daneben sind Vacherin und Tomme hervorzuheben (s. S. 80).

Dazu gibt es in Genf **hervorragende Weine** (v. a. Chasselas oder Gamay) aus der Genferseeregion (s. S. 58). Aber auch Biertrinker können sich auf eine Spezialität freuen. Die Brüder Papinot stellen das **Bière Calvinus** in verschiedenen Varianten her, u. a. als *blanche* (eine Art Weizen), *blonde bio* (unfiltriertes Helles) und *noir* (Dunkles). Es wird in etlichen Lokalen ausgeschenkt und in Läden verkauft, z. B. im La Barje (s. S. 73).

Schweizer Spezialitäten

Käsefondue (Fondue au fromage) steht meist in mehreren Variationen auf den Speisekarten, klassisch für Genf ist das moitié-moitié aus je zur Hälfte Gruyère und Vacherin. Stilecht werden die Brotwürfel übrigens erst in Kirschwasser und dann in Käse getaucht. Man trinkt dazu keinen Wein, sondern Tee (oder Wasser) und isst *viande sechée*, Rinderschinken.

Raclette wird original nicht in Pfännchen serviert, sondern es werden von einem erhitzten, halben großen Käselaib Portionen mit dem Messer abgeschabt und mit Silberzwiebeln, Cornichons und Kartoffeln gegessen (racler = schaben).

Restaurantkategorien

€	unter CHF 30
€€	CHF 30–45
€€€	über CHF 45

113ge Abb.: mb

Empfehlenswerte Lokale

Viele Lokale sind **sonntags,** manche auch **montags geschlossen** und Essen wird häufig nur **mittags** von etwa 12–14 Uhr und **abends** von 19–22 Uhr serviert.

Eine *plat du jour,* ein sog. **Tagesteller,** ist selbst im als teuer verschrieenen Genf zur Mittagszeit schon um die CHF 25 (etwa ebenso viel in Euro) zu haben, für ein Menü (drei Gänge) sind mind. CHF 50, für ein Hauptgericht allein CHF 35 einzurechnen. Ein kleines Bier kostet ab etwa CHF 5, ein Glas Wein ist nicht wesentlich teurer. Preiswert und ordentlich isst man z. B. in den Selfservicerestaurants von Manor (s. S. 80), Globus (s. S. 80) oder auch auf Bauernmärkten, wo häufig *poulet* (Hühnchen) angeboten wird.

Preiswert und gut isst man in der Buvette des Bains des Pâquis

Restaurants

31 [K7] **Bistrot du Boeuf Rouge** €€€, Rue Dr. Alfred-Vincent 17, www.boeufrouge.ch, Mo.–Fr. mittags und abends geöffnet. Klassische *Cuisine Lyonnaise* mit *Andouillettes, Rillettes, Patés und Terrines.*

32 [K9] **Brasserie Lipp** €€, Rue de la Confédération 8, Tel. 022 3188030, www.brasserie-lipp.com, tgl. 8–23/24 Uhr. Internationale Küche mit französischem Touch in luftiger, moderner Atmosphäre. Beliebt sind Eintöpfe und Sauerkrautgerichte, es gibt aber auch Vegetarisches, Fisch und Meeresfrüchte.

33 [K9] **Brasserie-Restaurant de l'Hotel-de-Ville** €€, Grand-Rue 39, Tel. 022 3117030, https://restaurant hoteldeville.ch. Gegenüber dem alten Rathaus gelegener historischer Klassiker unter den Genfer Restaurants, die Wurzeln reichen in die 1760er-Jahre zurück. Bekannt fürs Fondue!

34 [L7] **Buvette des Bains des Pâquis** €, Quai du Mont-Blanc 30, Tel. 022 7381616, www.buvettedesbains.com, zum gleichnamigen Freibad gehörig, mit Terrasse. Die *plat du jour* kostet nur CHF 15 und das leckere Fondue CHF 25, 7–11.30 Uhr Frühstück mit Birchermüesli und Säften zu CHF 10.

35 [K9] **Café Papon** €€, Rue Henry-Fazy 1, Tel. 022 3115428, www.cafepapon.ch. Restaurant an der Promenade de la Treille mit Terrasse. Große Vorspeisenauswahl und günstige französische Gerichte wie gebratenes *Magret de canard* (Entenbrust mit grünem Pfeffer) oder *Tarte Tatin*.

36 [K10] **Chez ma Cousine** €-€€, Place du Bourg-de-Four 6, www.chezmacousine.ch. Auf dem malerischen Hauptplatz mitten in der Altstadt gelegenes Imbisslokal mit kleiner Terrasse. Spezialität sind die Hühnergerichte, z. B. 1/2 Huhn mit Beilagen um CHF 17, außerdem leckere Salate.

Mein Tipp

Lokale mit guter Aussicht

37 [J8] **Grand Central Food Halles** €-€€, Place de l'Île, www.grandcentralfoodhalles.com, tgl. 11.30–21 Uhr (Sa., So. länger). In die ehemaligen Markthallen auf der Île sind verschiedene Lokale eingezogen. Man holt sich sein Essen und Trinken selbst und genießt den Blick auf Rhône und Stadt.

38 [L5] **La Perle du Lac** €€€, Rue de Lausanne 126, Tel. 022 9091020, www.laperledulac.ch, Mo. geschlossen. Das alteingesessene Lokal mit Gartenterrasse liegt traumhaft am rechten Seeufer im Parc Mon Repos am Stopp der Wassertaxis. Es gibt eine *plat du jour* für CHF 25, empfehlenswert sind auch die Fischgerichte.

39 [K8] **Madame Sum** €, Île Jean-Jacques Rousseau. April–Okt. tgl. 11–22 Uhr geöffnetes Freiluftimbisslokal auf einer kleinen Insel am Ausfluss der Rhône aus dem Genfersee. Drinks und Sandwiches sowie Dumplings (gefüllte Teigtaschen).

40 [O8] **Restaurant-Hôtel du Parc des Eaux-Vives** €€€, Quai Gustave-Ador 82, Tel. 002 8497575. Ausgezeichnetes Restaurant, das zu einem kleinen Tophotel im gleichnamigen Park gehört. Mit Blick auf den See.

› Auch in **La Barje** (s. S. 73) und im **Bateau-Lavoir** (s. S. 73) kann man bei einem Drink den Ausblick genießen.

Das Restaurant du Parc des Eaux-Vives bietet Seeblick

153ge Abb.: mb

41 [L7] **Edelweiss** €€, Place de la Navigation 2, Tel. 022 5445151, www.hotel edelweissgeneva.com. Jeden Abend günstige und gute Schweizer Spezialitäten (leckeres Fondue in verschiedenen Versionen sowie Raclette) und täglich Unterhaltungsprogramm und Folkloremusik.

42 [J10] **Holy Cow Gourmet Burger Co. (1)** €, Rue de Carouge 14 www.holy cow.ch. Restaurant der Schweizer Burgerkette, die Wert auf erstklassige Produkte legt. Filiale:

43 [J7] **Holy Cow Gourmet Burger Co. (2)** €, Place Cornavin 22

› **L'Auberge d'Hermance** €€€ (s. S. 57), Gourmettempel in traumhafter Lage am See mit Wintergarten und Terrasse.

44 [K7] **L'Entrecôte Couronnée** €€€, Rue des Pâquis 5, Tel. 022 7328445, Di.–Fr. Mittag- und Abendessen, So. nur Dinner. Eher gehobene, regionale Küche mit frischen Produkten und großer Auswahl an Genfer Weinen. Fleisch (Entrecôte) steht im Vordergrund.

45 [K9] **Le Perron** €€-€€€, Rue du Perron 5, Tel. 022 3113108, www.restaurant-leperron.ch. Kleine, erlesene französische Speisekarte, Fisch, Fleisch und tolle Desserts. Man kann bei gutem Wetter auch schön auf der Terrasse sitzen.

46 [I11] **Levantine** €€, Rue Patru 2, https://lalevantine.ch, Mo.–Sa. 10–22 Uhr. Levantinische Küche in Plainpalais, gut geeignet zum gemeinsamen Essen in netter Atmosphäre.

47 [I11] **Lucha Libre Genève** €-€€, Bd. Carl-Vogt 91, www.luchalibre.ch. In Plainpalais gelegenes Lokal mit kreativen lateinamerikanischen Gerichten. Am Wochenende Brunch.

54 [K9] **Taverne de la Madeleine** €€, Rue de Toutes-Âmes 20, Tel. 022 3106070, https://tavernemadeleine.ch, Mo.–Fr. 9–16 Uhr. Kein Alkoholausschank, dafür aber preiswerte *plat du jour* ab CHF 19.

MEINE TIPPS

Zum Frühstücken

48 [K7] **Café Art's,** Rue des Pâquis 17, nahe Rue de Monthoux. Gemütlich, unkompliziert und schön zum Ausruhen, ideal für ein Frühstück am Wochenende oder einen Drink am Abend (Mo.–Do. 11–2, Fr. 11–4, Sa. 8–4, So. 8–2 Uhr).

49 [I9] **Café de la Presse/Le Réservoir,** Bd de Saint-Georges 62, www.le-reser voir.ch, tgl. mind. 7–2 Uhr. Ideal für ein geruhsames Frühstück oder auch für einen späten Snack.

50 [J11] **Les Recyclables,** Rue de Carouge 53, Mo.–Sa. 9–20 Uhr Cafébetrieb, bei Konzerten länger. Café und Buchladen in einem. Es gibt leckeren hausgemachten Kuchen, aber auch Bier oder Wein. Beim Genießen der Speisen kann man sich in die ausliegende Lektüre vertiefen.

› **Café du MEG** (s. S. 47), ab 9.30 Uhr geöffnet, am Sonntag Brunch. Besonders schön sitzt man auf der Terrasse!

Lecker vegetarisch

51 [H7] **Aux Deux Portes** €-€€, Rue Schaub 11, https://auxdeuxportes.ch, Di.–Fr. 9.30–19 Uhr. Bioladen und veganes Restaurant-Café mit Kunstausstellung, außerdem gibt es Zeitungen und Magazine zum Schmökern. Suppen, Salate, Quiches, Muffins und viele feine Desserts. Tagesteller CHF 24.

52 [J14] **EnVie Vegan** €, Rue Ancienne 19, Carouge, www.envievegan.ch. Große vegane Karte mit Burgern, Hotdogs, Mexikanischem.

53 [M9] **Mango Deck,** Cours de Rive 20, Mo.–Sa. 7–17 Uhr. „Gesundes Fastfood", auch viel Vegetarisches, Salate, Nudelgerichte, gute Desserts.

Bistros und Cafés

55 [I10] **Brasserie de la Radio**, Bd. Carl-Vogt 73, www.restaurant-radio-geneve.ch, Mo.-Sa. ab morgens geöffnet. Kleines Nachbarschaftlokal in Plainpalais mit schmackhaften und preiswerten Gerichten.

56 [I10] **Café du Lys,** Rue de l'École de Médecine 7. Französisches Bistro mit buntem Studentenpublikum in Plainpalais, vielerlei Teesorten und gute Kaffee-, Bier- und Cocktailauswahl. Dazu werden Tapas oder vollständige Gerichte (viel Vegetarisches) serviert. Unregelmäßig finden auch Veranstaltungen statt.

57 [J9] **Café Lyrique,** Bd. du Théâtre 12, www.cafe-lyrique.ch, Mo.-Fr. 7-23 Uhr. Neben Konservatorium und Oper gelegenes, in der Szene beliebtes Lokal mit französischen Gerichten.

58 [I10] **Café Metis Bar-Restaurant**, Bd. Carl-Vogt 75, www.cafe-metis.ch, Mo.-Sa., Sa. nur abends geöffnet. Vielseitige Speisekarte und ordentliche Preise. In Plainpalais, mit einigen Tischen im Freien an der Straße.

59 [J10] **Cafe-Librairie Livresse,** Rue Vignier 5, https://livresse.ch, Mo.-Sa. 10-22 Uhr. Gemütliches Lokal zum Kaffeetrinken und Lesen, auf ein Bier oder ein Sandwich.

MEIN TIPP

Glace

Die Genfer lieben Eis *(glace)* und daher gibt es überall Eisstände. Das beste Eis gibt es nach Meinung Vieler in den Filialen von **Gelatomania** (https://gelatomania.ch). Besonders empfehlenswert sind saisonale Spezialitäten wie „Ananas-Basilikum".

67 [I10] **Gelatomania (1),** Rue de L'Ecole de Médicine 6

68 [N8] **Gelatomania (2),** Rue de Rue Eaux-Vives 61

69 [K7] **Gelatomania (3),** Rue des Pâquis 25

70 [J13] **Gelatomania (4),** Rue St. Joseph 43 (Carouge)

60 [J9] **Kiosque des Bastions,** Promenade des Bastions 1, https://bastions.ch, Tel. 022 3108666. Ehemals romantischer Musikpavillon, heute Café-Restaurant inmitten eines Parks, ideal für die kleine Kaffeepause zwischendurch oder zum Sonntagsbrunch. Kleiner Selbstbedienungskiosk nebenan.

61 [K10] **La Clémence,** Place du Bourg-de-Four 20, www.laclemence.ch. In der Altstadt gelegenes Café mit schöner Terrasse sowie buntem Publikum, tgl. 7/8 bis mind. 1 Uhr nachts. Ideal für einen Kaffee oder ein Bier.

154ge Abb.: mb

62 [K9] **Martel Chocolatier (1),** Rue de la Croix d'Or 4, https://martel-chocolatier.ch/boutiques-tea-rooms. Teesalon und Chocolaterie/Konditorei. Mehrere Filialen.

63 [H14] **Patisserie-Boulangerie Philippe Taillé,** Rue Blavignac 7, www.boulangerietaille.ch. Ausgezeichnete Konditorei/Bäckerei mit vielen Spezialitäten und mehreren Filialen (u. a. in Carouge).

64 [L9] **Potinière,** Promenade du Lac 2, www.lapotinieregeneve.com, tgl. ab 12 Uhr, So. Brunch ab 11 Uhr. Malerisch im Jardin anglais gelegen. Neben warmen Gerichten ist das seit 1950 bestehende Lokal für sein Eis bekannt.

65 [L7] **Qafé Guidoline,** Rue des Paquis 24, https://qafeguidoline.ch, Mo.-Sa. 8-24, So. 9-18 Uhr. Vom Frühstück bis zum Drink an der Bar – hip, bunt und angesagt. Junges Publikum.

66 [I9] **Remor,** Place du Cirque 3, https://remor.ch, tgl. 7-1 Uhr. Eissalon mit Terrasse nahe Victoria Hall, besonders die Sorbets sind empfehlenswert!

71 [N8] **Tout Simplement,** Rue de Soleure 2. Täglich zu Frühstück, Lunch und Abendessen geöffnet, am Wochenende Brunch in entspannter Atmosphäre.

› **Wolfisberg** (s. S. 84). Ausgezeichnete Bäckerei mit Teesalon.

Gastronomie in Carouge

72 [I14] **Au Vieux Carouge** €€, Rue Jacques Dalphin 27. Hier gibt es das angeblich beste Fondue in Genf.

73 [I13] **Café Equinoxe** €€, Rue du Pont-Neuf 9, Tel. 022 5475338, Di.-Sa. Französische Küche, auch Sitzplätze im Freien.

74 [I14] **L'Ècorce** €€€€, Rue du Collège 8, http://lecorce-restaurant.ch, Di.-Fr. mittags und abends, Sa. nur abends. Sternelokal mit hohem Anspruch.

75 [I13] **Le Café des Négociants,** Rue de la Filature 29, Tel. 022 3003130, www.negociants.ch, Mo.-Sa. Mittag- und Abendessen. Hier findet man ein typisch französisches Bistro mit günstigen Preisen (*plat du jour* CHF 24).

76 [J14] **Le Flacon** €€€, Rue Vautier 45, Tel. 022 3421520, https://leflacon.ch, Di.-Sa. mittags und abends. Haute-Cuisine- und Sternelokal in der Altstadt von Carouge mit wenigen, dafür kreativen lokalen Gerichten und genialen Menüs.

77 [I13] **Le P'tit Carougeois** €€-€€€, Rue Saint-Joseph 6, Di.-Sa. Bekannt für Gerichte aus „Produits Agricoles de Genève" (lokale/regionale Produkte).

Nett zum sitzen und Leute beobachten, schon am Morgen, aber auch für einen Happen zum Essen, sind:

78 [J13] **Al Mercato,** Place du Marché 2, Tel. https://almercato.ch, Mo.-Fr. von 6 bis mind. 22.30, Sa. 6-17, So. 10-21 Uhr, an Markttagen kürzer

79 [I14] **Brasserie La Bourse,** Place du Marché 7, Tel. 022 3420466, https://la-bourse.ch, tgl. 9-22.45 Uhr

80 [I14] **Café d'Aigle,** Rue Ancienne 42, Tel. 022 3426198, Mo.-Fr. 8-20 Uhr

Smoker's Guide

In Genf wird noch viel geraucht, obwohl in der Schweiz das Bundesgesetz zum Schutz vor Passivrauchen gilt. Alle öffentlich zugänglichen, geschlossenen Räume müssen rauchfrei sein. Öffentliche Verkehrsmittel sind ebenso rauchfrei wie Hotels. Ein guter Treff für Raucher ist:

81 [K9] **Spring Cigars,** Rue du Rhône 82, The Passage, www.spring-cigars.ch, Tabakladen mit Cigar Bar (auch Drinks)

Der Kiosque des Bastions vor großartiger Kulisse

177ge Abb.: gt©Julien Dejeu

Genf am Abend

Nachtleben

Wegen des milden Klimas und der Seelage spielt sich das Nachtleben in Genf bevorzugt im Freien, an den Seepromenaden, in den Parks oder auf den Terrassen der Café-Bars ab. Beliebter Treffpunkt ist z. B. die Place du Molard Hier liegt auch die beliebte Brasserie du Molard (Lord Nelson Pub), in der gutes hausgebrautes Bier ausgeschenkt wird. In der Altstadt schlägt das Herz um die **Place du Bourg-de-Four** 12, z. B. in Cafés wie dem Clémence (s. S. 70), wo Sehen und Gesehenwerden angesagt ist.

Eher elegante Klubs und Lounges, Cafés und Bars finden sich in den **Rues Basses** (v. a. Rond-point de Rive, Rue du Rhône). Zwischen Rhône und Hauptbahnhof, in **Pâquis**, pulsiert abends und nachts das Leben. Hier locken viele Bars, Lokale und Brasserien, z. B. die berühmte Jazzkneipe AMR/Sud des Alpes, Nachtschwärmer an. Eine Spezialität in Pâquis sind die Cabarets, z. B. das Moulin Rouge (Av. du Mail 1). Das Viertel Les Pâquis gilt als Genfs „Haight-Ashbury", als Homosexuellenviertel und als Rotlichtviertel mit Bars, Kneipen sowie preiswerten Lokalen und Imbissbuden. Ebenfalls lebhaft und auch kulinarisch interessant ist Carouge 46, speziell um die Rues Ancienne oder Vautier. Bevorzugt von Studenten frequentiert werden hingegen die Kneipen im Viertel **Plainpalais** im Südwesten der Altstadt.

Bars

Öffnungszeiten: Sofern nicht anders angegeben, sind die unten genannten Bars Mo.–Sa. geöffnet. **Weinbars** sind meist nur bis 19 Uhr offen.

82 [K9] **Brasserie du Molard/Lord Nelson Pub**, Place du Molard 9, https://brasseriedumolard.ch, bis mind. 24 Uhr geöffnet. Hier wird hausgebrautes Bier ausgeschenkt. Es gibt Flammkuchen und Plätze im Freien.

› **Brasserie Lipp** (s. S. 67), Rue de la Confédération 8, www.brasserie-lipp.com, tgl. 7–2, So. ab 9 Uhr. Hierher

Blick von den Bains des Pâquis 29 auf den See mit Fontäne

kommt man, um zu sehen und gesehen zu werden.

83 [M8] **Buvette du Bateau**, Promenade du Lac (Quai Gustave Ador), www.bateaugeneve.ch. Bar auf dem historischen Schiff „Genève“ mit Blick auf Jet d'eau.

84 [K10] **Demi Lune Café,** Rue Etienne Dumont 3, www.demilune.ch, tgl. von 12 bis mind. 22 Uhr. Schön zum Cocktail oder Glas Wein am Abend, auch Tapas und andere Gerichte.

85 [I10] **L'Eléphant dans la Canette,** Av. du Mail 18, Tel. 022 3217070. Beliebte Bar mit exzellenter Bierauswahl, gutem Essen und Veranstaltungsprogramm (https://elephantdanslacanette.com) und Restaurant im angesagten Viertel Plainpalais.

86 [I8] **La Barje de Lavandières,** Terrasse des Lavandières, www.labarje.ch, Mai–Sept. tgl. ab mittags geöffnet. Rustikale Bar in einer Art Bauwagen zu Füßen des BFM (s. S. 75) direkt an der Rhône. Gelegentlich Livemusik und Kulturprojekte.

87 [J8] **Le Bateau-Lavoir,** Promenade des Lavandières, www.bateaulavoir.ch, saisonal variierende Öffnungszeiten. Bar und Restaurant, auch Konzerte auf einem kleinen Boot auf der Rhône.

88 [I10] **Le Kraken Bar,** Rue de l'Ecole-de-Médecine 8, Mo.–Sa. 13–mind. 1 Uhr. Gutes Angebot an Drinks von der Bar und Topstimmung im Viertel Paquis.

MEIN TIPP

Für den späten Hunger

Auch **nach 22 Uhr** bekommt man in vielen der genannten Lokale in Genf noch warmes Essen, z. B. bei **La Clémence** (s. S. 70), mit schöner Terrasse und gemischtem Publikum), im **Potinière** oder im **Café de la Presse** (bis 2 Uhr morgens, s. S. 69). Im Bahnhof (Gare de Cornavin [J7]) ist rund um die Uhr der „aperto 24“-Laden geöffnet.

Veranstaltungskalender

- **Veranstaltungskalender** findet man in der Tageszeitung Tribune de Genève, außerdem gibt es die Donnerstagsbeilage von Le Temps mit ausführlichem Theater-, Kino- und Konzertprogramm (s. S. 118).
- **„Genève Guide – Official City Guide“** ist ein von Genève Tourisme (s. S. 116) zweimal jährlich herausgegebenes Gratisheftchen.

Tickets

- **FNAC** (s. S. 84), Rue de Rive 16/18, Tel. 022 8161256, www.fnactickets.ch, Mo.–Mi. 9–19, Do. bis 21 Uhr, Fr. 9–19.30, Sa. 9–18 Uhr. Multimedia-Store mit Vorverkaufsstelle für Tickets.

89 [M9] **Soleil Rouge,** Bd Helvétique 32, tgl. außer So. bis 23 oder 24 Uhr, https://soleilrouge.ch. Empfehlenswerte Weinbar, deren Schwerpunkt auf spanischen Weinen und Tapas liegt. Ungezwungene, heitere Atmosphäre.

Discos, Musikbars und -kneipen

90 [K7] **AMR/Sud des Alpes,** Rue des Alpes 10, www.amr-geneve.ch, Tel. 022 7165630, Mo.–Fr. 9–13, 14–20 Uhr, Sa. 12–18 Uhr, im Sommer Mo.–Fr. 14–18 Uhr. Konzerte meist dienstag-/freitagabends. Nahe dem Bahnhof gelegene, berühmteste Jazzkneipe der Stadt, in der auch große Stars auftreten. Organisator eines Jazzfestivals, außerdem Musikschule mit Übungsräumen und Workshops.

91 [J8] **Arthur's rivegauche,** Rue du Rhône 7–9, Tel. 022 8103260, www.arthurs.ch, Mo.–Fr. 9–2, Sa. 12–2 Uhr, freier Eintritt. Gemütliches Ambiente, verschiedene Musikstile (DJ), dazu eine Bar und Freiplätze.

92 [I9] **Café Cuba,** Place du Cirque 1, Tel. 022 3284260, www.cafecuba.ch. Di.–Sa. ab 11 Uhr, DJs am Wochenende, Eintritt frei. Bar, Café und Pub mit gut sortierter Bar und Late-Night-Food (Tapas, Tortillas, Burger und Salate).

93 [I9] **L'Usine,** Place des Volontaires 4, www.usine.ch. Ein alternativer Kulturkomplex mit verschiedenen Musikkneipen, Bars, Bühnen, Kinos und weiteren Kulturinstitutionen.

94 [H9] **La Jonquille,** Chem. du 23-Août 3, http://lajonquille.ch. Mischung aus Bar, Restaurant und Eventlocation. Ausgezeichnete Auswahl an regionalen Bieren.

95 [J11] **Les 4 coins,** Rue de Carouge 44, https://les4coins.ch, Di.–Sa.geöffnet. Beliebter Treff in Plainpalais, an selber Stelle existiert schon seit 1780 eine Kneipe.

96 [I9] **Santa Cruz,** Rue du Stand 40, Tel. 022 3204877, Fr., Sa. 21–4 Uhr. Schwerpunkt Latino, tropisch-exotische Atmosphäre, eher elegant. Spezielle Karaoke- und *Noches Cubanas-Angebote.*

97 [N9] **Tom Beers,** Rue de Montchoisy 12, www.tombeers.ch. In Eaux-Vives gelegene Bar, in der unzählige Biere ausgeschenkt werden und in der sich zugleich ein Bierladen mit gigantischer Auswahl befindet.

Nightclubs und Lounges

98 [L7] **Fenomeno,** Rue des Paquis 28, Di., Mi. 18–24, Do.–Sa. bis 2 Uhr. Beliebte Lounge mit eigener Tanzfläche.

99 [L9 **La Coupole,** Rue du Rhône 116, Tel. 022 7374040, Mo.–Sa. 22–5 Uhr, http://coupoleavenue.ch. Glamouröser Nightclub mit Cabaret und Pianobar.

100 [K9] **Le Baroque,** Place de la Fusterie 12, www.lebaroque.com, Do.24–4 Uhr, Fr./Sa. 24–5 Uhr. Schicker, glamouröser Klub mit Bar und Restaurant.

101 [H9] **Palladium,** Rue du Stand 3bis, www.geneve.ch/fr/palladium, Do.–Sa. Events. Einstiger Tanzclub mit Eisfläche in La Jonction, heute Konzertbühne und Club mit mehreren Dancefloors.

Nachtleben in Carouge

102 [J13] **Au Chat Noir,** Rue Vautier 13 (Carouge), www.chatnoir.ch, Tel. 022 3434998, Bar-Restaurant (OG) So.–Do. 16–2, Fr., Sa. bis 4 Uhr, Concert-Club (UG) zu Konzerten geöffnet, außerdem DJs Fr., Sa. bis 5 Uhr. Gilt wie das Sud des Alpes als Top-Jazzadresse in Genf: Es gibt Modern, Latin, Jungle sowie zeitgenössischen Jazz – auch von lokalen Bands.

103 [G10] **La Graviere,** Chemin de la Gravière 9 (Carouge), www.lagraviere.net, geöffnet Do.–Sa. Einer der Top-Klubs der Stadt mit Konzerten jeder Art.

104 [G13] **Motel Campo,** Route des Jeunes 13 (Carouge), www.facebook.com/MotelCampo. Der Name täuscht:

155ge Abb.: mb

Au Chat Noir, ein legendäres Jazzlokal in Carouge

kein Motel, sondern einer der angesagten Clubs der Stadt mit DJs und Konzerten verschiedener Musikrichtungen. Sa. ab 20 Uhr (ab 23 Uhr Eintritt).

105 [I13] **Théâtre des Amis,** Place Temple 8, https://lesamismusique theatre.ch, Aufführungen Di. 20 Uhr, Mi., Do., Sa. 19 Uhr, Fr. 20.30 Uhr, So. 17 Uhr, außerdem So. 11 Uhr Matinée, Do. 21 Uhr „Les Nocturnes" (Konzerte). Einheitspreis: CHF 30. Kreatives Musiktheater mit vielseitigem Programm und Bar.

Theater, Kino und Konzerte

In Genf gibt es rund 40 Theaterbühnen, dazu etliche Freilichtbühnen.

Wichtige Bühnen

106 [K9] **Alhambra,** Rue de la Rôtisserie 10, www.alhambra-geneve.ch. Legendäre Kultureinrichtung (Livemusik, Kino, Theater u. a.) mit eigener Bar.

107 [I8] **Bâtiment des Forces-Motrices (BFM),** Place des Volontaires 2, Tel. 022 3221220, www.bfm.ch. Kulturzentrum im ehemaligen Wasserkraft- und E-Werk, vor allem Klassik und Ballett.

108 [J11] **Casino Théâtre,** Rue de Carouge 42, www.ville-ge.ch/culture/casinotheatre. Komödie, Operette u. a. hinter einer Jugendstilfassade mit prächtiger barockisierender Innengestaltung. 1881 als „Brasserie de l'Espérance" gegründet, seit 1983 im Besitz der Stadt.

109 [J10] **Comédie de Genève,** Bd des Philosophes 6, Tel. 022 3205001, www.comedie.ch. In dem Bau von 1913 werden sozialkritische Stücke aufgeführt und zeitgenössische Autoren wie Dunant gespielt. Es finden auch Lesungen, Podiumsdiskussionen, Ausstellungen und Brunches statt, außerdem gibt es ein Café.

110 [J9] **Conservatoire de Musique,** Place Neuve, Tel. 022 3196061, https://cmg.ch. 1856–1858 im gräzisierenden Stil mit Musen und antiken Gottheiten erbaut, ist das Konservatorium Heimat des Orchestre Ansermet. Vorwiegend modernes Programm und Klassik in großer Konzerthalle, Auditorium oder Chorsaal. Hier traten schon Ernst Bloch, de Senger und andere Größen auf.

35 [J9] **Grand Théâtre de Genève,** Place de Neuve 5, www.gtg.ch, Tel. 022 3225050. Bau nach dem Vorbild der Pariser Oper, bekannt für Opernaufführungen und Ballett.

111 [K9] **POCHE /GVE,** Rue du Cheval-Blanc 7, Tel. 022 3103759, https://poche---gve.ch. Innovatives Sprechtheater.

123ge Abb.: mb

Legendäre Bühne mit vielseitigem Programm: das Alhambra

112 [K9] **Salle Centrale Madeleine (scm),** Rue de la Madeleine 10, www.sallecentrale.ch. Komödien, Improv-Theater, Comedy u. a.

113 [J9] **Théâtre du Grütli,** Rue du Général-Dufour 16, Tel. 022 8884484, https://grutli.ch, frei wählbarer Eintrittspreis bei den meisten Vorführungen. Vielseitig und mutig. Im Kellertheater (mit Café-Restaurant) und auf der kleineren Bühne im OG wird auch Experimentelles und Regionales gezeigt.

114 [G10] **Théâtre du Loup,** Chemin de la Gravière 10, Tel. 022 3013100, https://theatreduloup.ch. Im Stadtteil Acacias gelegenes kleines Theater mit breit gefächertem Programm, auch Festivals, Themenabende, Schauspiel, komische Opern, Musikveranstaltungen usw.

115 [J11] **Théâtre Pitoëff,** Rue de Carouge 52, www.ville-ge.ch/culture/pitoeff. Von 1907 bis 1909 im Schweizer Regionalstil als Teil des Maison communale de Plainpalais erbaut, jetzt Spielstätte für verschiedene unabhängige Ensembles, vielseitiges Programm.

34 [J9] **Victoria Hall,** Rue Général-Dufour 14, Tel. 022 4183500, www.ville-ge.ch/culture/victoria_hall. Berühmt wegen der außergewöhnlich guten Akustik, von Sir Barton und Queen Victoria ins Leben gerufen. Seit der Eröffnung sind gut 2000 Künstler, Orchester und Chöre aufgetreten. Einmal monatlich beliebte Sonntagskonzerte um 17 Uhr (Tickets: www.ville-ge.ch/culture/victoria_hall/concerts-du-dimanche.html).

Kino

Das **aktuelle Kinoprogramm** gibt es in den Tageszeitungen und unter www.cineman.ch. Gleich zwei **Filmfestivals** sind in Genf zu Hause: Ende Januar findet das Black Movie Festival (s. S. 90) statt und im November das Geneva International Film Festival GIFF (s. S. 88).

Genf zum Stöbern und Shoppen

Genf gilt als Einkaufsparadies, noch dazu als sehr elegantes, schließlich setzen hier Diplomaten, Ölscheichs und reiche Geschäftsleute viel Geld um. Designerboutiquen und edle Läden tragen diesem Klientel Rechung. Dazu kommt, dass Genf ein Zentrum der Uhren- und Schmuckindustrie ist.

Genf ist auch ein **kulinarisches Mekka:** Kleine Läden, z. B. hervorragend sortierte Käsegeschäfte, Metzgereien, Bäckereien oder Confiserien, sind wie überall in Frankreich zahlreicher als in anderen Schweizer (und deutschen) Städten zu finden. Hinzu kommt, dass **Familienbetriebe** (vor allem in Wohnvierteln) zahlenmäßig immer noch die Filialen der großen Ladenketten übersteigen. Aber selbst große Kaufhäuser wie MIGROS, COOP oder Manor verfügen über exquisite Delikatessabteilungen. **Wochenmärkte und Bioprodukte** sind weit verbreitet und es wird – ebenfalls landestypisch – auf Speisekarten die genaue Herkunft der Produkte genannt.

Wo gibt's was?

Haupteinkaufsstraßen sind im Stadtzentrum, zwischen Bankenviertel und

Schnäppchen

Schnäppchenkäufe sind in Genf während der *Soldes du blanc* (im Januar) oder der *Soldes d'été* (Ende Juli) möglich! Auch fahren viele Genfer in die preiswerteren Einkaufszentren jenseits der französischen Grenze.

156ge Abb.: mb

Genfs Chocolaterien (s. S. 78 und S. 81) sind vorzüglich und bieten eine große Auswahl

Eaux-Vives, die **Rues Basses**, vor allem deren Hauptachse, die **Rue du Rhône** [K/L9] – die feinste Straße Genfs mit Schmuck- und Uhrenläden und dem „gewöhnlicheren“ Kaufhaus Globus. Parallel dazu verläuft die Rue Marché, die im Osten in die Rue du Rive übergeht, und die Rues de la Croix d’Or oder de la Confédération, allesamt bekannt für noble Boutiquen, Schmuckläden, Confiserien u. a.

Am anderen Ufer, an der **Rive Droite**, gelten die zum Bahnhof führende Straßen Rue du Mont-Blanc, der Quai du Mont-Blanc und der Quai des Bergues als Haupteinkaufsstraßen.

Für Ausgefallenes aller Art und Secondhandkleidung ist man in den Vierteln **Plainpalais und Pâquis** (Rue des Pâquis) richtig. Plainpalais ist nicht nur bekannt für seinen Flohmarkt, sondern auch interessant für Antiquitätensammler. Das Gleiche gilt für die Altstadt (vor allem die Grand-Rue) und das Quartier des Bains.

Praktische Angaben

- **Öffnungszeiten:** meist tgl. 9–19, Sa. bis max. 18, Do. bis 21 Uhr. Kleinere Läden öffnen Mo. oft erst mittags bzw. am frühen Nachmittag oder sind gelegentlich mittags (ca. 12–14 und ab 17 Uhr) geschlossen. Lange und meist auch sonntags geöffnet sind die zahlreich vertretenen Tabac-Kiosks, die neben Rauchwaren und Zeitschriften auch Snacks und Drinks anbieten.
- **Adressangaben:** Sofern die nachfolgend empfohlenen Läden nicht im Stadtzentrum liegen, wurde die günstigste Nahverkehrsverbindung angegeben.
- **Infos im Web:** www.geneva.info/shopping

Süße Lust: Schweizer „Schoggi“

Als 1519 Hernán Cortéz in Mexiko bei den Azteken Bekanntschaft mit dem Kakao machte, soll er überhaupt nicht angetan gewesen sein von dem mit Chili und Kräutern gewürzten braunen Extrakt. Da er jedoch das erhoffte Gold nicht fand, nahm er wenigstens dieses „Braune Gold“ mit nach Europa. Im Laufe der Jahrhunderte mit süßenden Stoffen, Milch und Honig verfeinert, erfreute es sich an den Fürstenhöfen großer Beliebtheit als stimulierendes, angeblich sogar aphrodisierendes Heilmittel. Die eigentliche Blüte erlebten die braunen Bohnen jedoch im 19. Jh., als Chocolatiers, vor allem solche aus der Schweiz, den ölhaltigen, derben und bitteren Grundstoff mit dem süßen Extrakt des Zuckerrohrs vereinten, ihn cremig mahlten und mittels Konchierens zu Schokolade werden ließen.

Bereits der Naturforscher und Entdecker Alexander von Humboldt (1769–1859) soll festgestellt haben, dass die Natur „kein zweites Mal … eine solche Fülle der wertvollsten Nährstoffe auf einem so kleinen Raum zusammengedrängt wie gerade bei der Kakaobohne“ habe. Immerhin liefert sie 11 % Eiweiß, 54 % Fett (Kakaobutter), 1 % Zucker und 6 % Mineralstoffe, vor allem Kalium und Magnesium, Kalzium, Eisen, Zink und Kupfer, enthält Alkaloide zur Stimulanz des zentralen Nervensystems, soll gut gegen Depressionen und gesundheitsfördernd für Hautzellen, Herz, Gefäße und das Gehirn sein.

Die Schweiz und ihre „Schoggi“ sind ein besonderes Paar. Die Schweizer konsumieren weltweit die meiste Schokolade, nämlich gut 11 kg im Jahr. Angeblich war es ein gewisser François-Louis Cailler (1796–1852) aus Turin, der die Schweizer Liebe zum „Schoggi“ entfachte. 1819 eröffnete er einen Laden bei Lausanne, handelte mit Kakao und experimentierte mit unterschiedlichen Schokoladenrezepturen. Ein paar Jahre später (1826) eröffnete Philippe Suchard seine Schokoladenfabrik bei Neuchâtel und produzierte bald darauf bereits über 30 kg Schokolade pro Tag. 1901 wurde im Hause Suchard „Milka“ erfunden, die lila Milchschokolade, die weltweit zum Symbol für Schweizer Schokolade geworden ist und heute durch den Großkonzern Mondelez International vertrieben wird.

Charles-Amédée Kohler aus Lausanne warf 1830 erstmals Nüsse in die Schokolade. 1845 betrat Rudolf Sprüngli die Bühne und gründete in Zürich die Schokoladenfabrik Lindt. 1875 gelang es Daniel Peter, einem Abkömmling von F.-L. Cailler, dank einer Erfindung von Henri Nestlé erstmals, Milch zu kondensieren und damit Milchschokolade herzustellen. Noch wegweisender war jedoch die Errungenschaft von Rudolf Lindt in Bern: die „Conchage“, der Entzug von Feuchtigkeit aus der Schokomasse mittels Erhitzen und Rühren. Auf diese Weise und durch die Zufügung von Kakaobutter schuf Lindt cremigere Schokoladen. 1887 experimentierte Frey in Aarau (heute Migros) mit neuen Schokoladen, doch die „Erfindung“ von Jean Tobler in Bern Ende des 19. Jh. war spektakulärer: Sein trapezförmiger Riegel, verfeinert mit Mandelstückchen und Honig, ging weltweit als „Toblerone“ in die Geschichte ein.

Von 1890 bis 1920 wurde die Schokoladenherstellung zur Perfektion getrieben. Gleichzeitig bildeten sich die berühmten großen Schweizer „Schoggi-Konzerne“: 1899 schlossen sich Lindt und Sprüngli zusammen und 1926 fusionierten Kohler, Peter und Cailler und legten die Basis für den heute zu den größten Lebensmittelmarken der Welt zählenden Konzern Nestlé.

In jenen Jahren versorgten die Schweizer Chocolatiers nicht nur den heimischen Markt, sondern begründeten zugleich den weltweit guten Ruf der exklusiven Schweizer Schokolade. Bis zu drei Viertel der Produkte wurden schon damals exportiert. Nicht jedoch die Quantität, sondern die hohe Qualität sorgte und sorgt für den Ruf der Schweiz als Schokoladennation.

Es gibt heute kaum mehr Betriebe, die Kakaopulver oder Kakaobutter selbst herstellen. Dabei spielt der Kakao eine tragende Rolle seit dem Boom der dunklen Schokoladen mit hohem Kakaoanteil. Als Kakaoedelsorte gilt der „Criollo“ (Venezuela, Bolivien, Brasilien), er macht allerdings nur 3 % der Weltproduktion aus, während „Forastero“ und „Trinitario“ (Afrika, Indonesien) die meistverbreiteten Sorten sind. Mindestens ebenso wichtig wie die Kakaosorte ist das Konchieren der Masse, das bis zu 72 Stunden dauert und für Geschmeidigkeit, Cremigkeit und das Geschmackserlebnis schlechthin sorgt.

Die handgeschöpften, teuren Produkte werden mit ungewöhnlichen Geschmackskomponenten wie Pfeffer, Chili oder Zitronenpfeffer versehen und Neukreationen stehen auf der Tagesordnung. Weiße Schokolade wird von echten Kennern übrigens nicht als Schokolade anerkannt, da sie nur aus Kakaobutter – dem bei der Kakaopulverherstellung abgepressten farblosen Öl – sowie Milch und Zucker besteht.

Besonders in Genf sind herausragende Chocolatiers tätig. Eine Spezialität, die angeblich aus der Confiserie Auer stammt, sind die „Pavés de Genève“, die „Genfer Pflastersteine“: leckere Schokowürfel, deren Zusammensetzung das Geheimnis eines jeden Chocolatiers ist.

Wer mehr über die beste „Schoggi“ in Genf erfahren möchte, ist gut beraten, sich für CHF 30 einen **Geneva Choco Pass** zu besorgen (www.geneve.com/de/attraktionen/choco-pass-geneva). Mit diesem Pass erhält man innerhalb von 24 Stunden nach der ersten Entwertung in sieben verschiedenen Chocolaterien in der Innenstadt Proben der jeweiligen Spezialitäten des Hauses.

› **Boutique Favarger** (s. S. 82). Aushängeschild der seit 1826 existierenden Manufaktur sind die länglichen Blechboxen, gefüllt mit unterschiedlich überzogenen Mandeln.

120 [J8] **Canonica Chocolaterie,** Rue Rousseau 9. V. a. bekannt für seine handgemachten Pralinen-Kunstwerke.

› **Chocolaterie Stettler & Castrischer** (s. S. 82). Außer Pralinen und Schokonüssen auch viele hausgemachte Torten und Croissants!

› **Du Rhône Chocolatier** (s. S. 82). Man verwendet hier eigene Kakaobohnen aus Afrika für Tafelschokoladen und anderes. Kleines Café zugehörig.

121 [L9] **La Bonbonnière,** Rue Pierre-Fatio 15. Hier gibt es exzellente heiße Schokoladen, aber auch sehr gute Pralinen. Im zugehörigen Café kann man auch nett sitzen.

122 [K8] **Sweetzerland Chocolatier,** Rue du Mont-Blanc 5. Bekannt für Trüffel und Schokomandeln.

123 [L9] **Zeller Chocolatier,** Pl. de Longemalle 1. Eher kleiner, altmodischer Laden, bekannt für seine Trüffelpralinen, „Paves Glaces“ („Ziegelsteine“) und Florentiner.

An einem Samstag Anfang Oktober findet jedes Jahr **Le Rallye du Chocolat** statt, bei der die besten Chocolatiers ausgezeichnet werden (www.salondeschocolatiers.com).

Einkaufstipps

Shoppingcenter, Supermärkte und Kaufhäuser

116 [D5] **Balexert Shopping Center,** Av. Louis-Casai 27, https://balexert.ch. Einkaufszentrum im Vorort Vernier mit über 120 Läden bekannter Marken.

117 [K9] **Bongénie Grieder,** Rue du Marché 34, www.bongenie-grieder.ch. Designerkleidung, Schuhe, Kosmetik, aber auch Wohnaccessoires und Möbel.

118 [K9] **Confédération Centre,** Rue de la Confédération 8, www.confederati oncentre.ch. Neu gestaltetes Einkaufszentrum mit exklusiven Läden und sogar einer Tesla-Filiale!

119 [K9] **COOP City,** Rue du Commerce 5. Kaufhaus mit empfehlenswerter Feinkostabteilung und guter Weinauswahl, dazu Kleidung, Haushaltswaren, Restaurant usw. Weitere Filialen in der Stadt.

124 [L7] **COOP Pâquis,** Rue des Pâquis 35

125 [K9] **Globus Genève,** Rue du Rhône 48. Edles Kaufhaus mit empfehlenswerter Mode- und Delikatessenabteilung.

126 [J8] **Manor,** Rue Cornavin 6 (nahe Bahnhof). Lebensmittel, aber auch Kleidung, Schuhe, Parfümerie und Bücher. Restaurant mit Panoramaausblick und Terrasse sowie „Food Market".

127 [J7] **Metro Shopping Cornavin,** Rue du Mont-Blanc 30, Eingang an der Place de Cornavin, www.metroshopping.ch. Gut sortiertes Einkaufszentrum unterhalb des Bahnhofsvorplatzes CFF Cornavin.

128 [F7] **Planète Charmilles,** Promenade de l'Europe 11 (Bus 6 und 9 bis „Guye"), www.planete-charmilles.ch. Einkaufszentrum mit rund 50 Läden und Imbisslokalen im Viertel Charmilles westlich des Bahnhofs.

Käsekauf leicht gemacht

Genf ist ein Paradies für Käseliebhaber und auch bezüglich des Käseangebots durch und durch französisch. Allerdings fällt an den Käseständen vor allem eine Sorte ins Auge: der **Gruyère (Greyerzer).** Und das, obwohl dieser nicht aus dem Kanton Genf und auch nicht aus Frankreich, sondern aus dem nahen Schweizer Kanton Fribourg bzw. dem Städtchen Gruyère stammt und seit 1115 urkundlich belegt ist. Heute ist „Gruyère SWITZERLAND" ein geschütztes Warenzeichen und Käse mit dieser Bezeichnung darf nur in den Kantonen Freiburg, Waadt, Neuenburg und Jura und in einzelnen benachbarten Bezirken und Gemeinden hergestellt werden.

Gruyère wird in Form von großen Laiben mit einem Gewicht zwischen 25 und 40 kg hergestellt. Der etwas brüchige, mittelfeste Teig weist einen Fettgehalt von rund 50 % in der Trockenmasse auf und ist in **verschiedenen Reifestufen** erhältlich:

- mild/doux: mindestens 5 Monate,
- reif/rezent/salé: mindestens 7 Monate,
- surchoix/réserve: mind. 10 Monate,
- extrareif/vieux: mind. 15 Monate.

Meist gibt es am Käsestand die Gelegenheit zu probieren, welcher Reife- und damit Schärfegrad der richtige ist – im Normalfall liegt man mit einer mittleren Altersstufe richtig. Gruyère wird in der Schweiz als „Möckli" (Bröckchen) zum Aperitif serviert, zum Überbacken für Quiches und auf Croques eingesetzt und dient zusammen mit Emmentaler und Vacherin als **Hauptbestandteil des Schweizer Käsefondues.**

Boutiquen und Accessoires

Der beste Anlaufpunkt ist die **Rue du Rhône** [K/L9] mit ihrer Fülle an Designerboutiquen, beispielsweise Escada (Nr. 112), Gucci (Nr. 92), Christian Dior (Nr. 60), Celine (Nr. 47), Louis Vuitton (Nr. 33) oder dem Hutladen Coup de Chapeau.

129 [J9] **Coup de Chapeau,** Rue de la Cité 6. Kleines Hutgeschäft mit großer Auswahl am Aufgang zur Altstadt.

Uhren und Schmuck

Eine hohe Konzentration an Schmuck- und Uhrenläden findet sich ebenfalls in der **Rue du Rhône** [K/L9], darunter jene von Chopard (Nr. 27), Bulgari (Nr. 30), Cartier (Nr. 35), Les Ambassadeurs (Nr. 62) oder Piaget (Nr. 40).

130 [L9] **Bucherer,** Rue du Rhône 45. Der Uhrenladen der Stadt, der aber auch Victorinox-Taschenmesser, Mont-Blanc-Schreibwaren, Swarovski-Schmuck und weitere Souvenirs führt.

131 [J8] **Cadhor,** Rue du Mont-Blanc 11. Uhren, Taschenmesser und andere Schweizer Souvenirs.

132 [J8] **Franck Muller (1),** Rue de la Tour-de-l'Île 1, Luxusuhren der Spitzenklasse! Filiale:

133 [L7] **Franck Muller (2),** Quai du Mont-Blanc 19

134 [K9] **Gübelin,** Place du Molard 1. Hochwertige Uhren, außerdem eigenes Schmuckatelier.

135 [L9] **Rolex Chrono-Time,** Rue de la Fontaine 3. Laden der weltberühmten Luxusmarke, die in Genf ihre internationale Zentrale hat.

136 [K9] **Swatch (1),** Rue du Marché 40. Der Schweizer Uhrenhersteller wurde für witzige, moderne, erschwingliche Uhren bekannt, scherzhaft auch „Prolex" genannt.

137 [J7] **Swatch (2),** Rue du Mont-Blanc 19

Shoppingareale

Die wichtigsten Shoppingbereiche der Stadt sind im Kartenmaterial mit einer rötlichen Fläche markiert.

Souvenirs

138 [K10] **Caran d'Ache,** Place de Bourg-de-Four 8, www.carandache.com. Das *Maison des Couleurs Fines* ist ein toller kleiner Laden mit einer Riesenauswahl an Stiften und Kulis „Swiss Made" sowie Künstlerzubehör.

139 [K9] **Couteaux Fontaine,** Rue de la Servette 48, https://couteaux-fontaine.com. Seit 1832 Silber- und Messerschmiede mit kleiner Ausstellung, in der es vom ersten Schweizer Taschenmesser von 1891 bis zu den neusten Modellen viel zu sehen und zu kaufen gibt.

140 [L9] **Davidoff,** Rue de Rive 2, http://davidoff.com. Der berühmte Zigarrenfabrikant residiert schon seit 1911 in Genf, als Zino Davidoffs jüdische Familie hier vor religiöser Verfolgung Zuflucht fand.

141 [K9] **Molard Souvenirs,** Rue de la Croix d'Or 1, www.molardsouvenirs.com. (Spiel-)Uhren, Schweizer Messer, Souvenirs.

142 [K9] **Victorinox,** Rue du Marché 2, www.victorinox.com. Schicker Flagship-Store des legendären Schweizer Messer-Produzenten.

Confiserien und Chocolatiers

Die meisten der genannten Schokoladenläden bieten auch Räumlichkeiten zum Verzehr (kleine Gerichte) und verfügen oft über mehrere Filialen.

143 [L9] **Auer Chocolatier,** Rue de Rive 4, www.chocolat-auer.ch. Hier werden seit fünf Generationen *Amandes Princesse,* Trüffel und Ganache nach derselben Traditions-Rezeptur hergestellt. Eine weitere Spezialität sind die *Pavés glacés de Genève.*

023ge Abb.: mb

Auf Genfs Wochenmärkten hat man „die Qual der Wahl"

144 [J8] **Boutique Favarger,** Quai des Bergues 19, www.favarger.com. Laden der seit fast 200 Jahren in Genf ansässigen Schokoladenmanufaktur.

145 [M9] **Chocolaterie Stettler & Castrischer,** Rue du Rhône 69, https://stettler-castrischer.com. Bekannt für die *Pavés de Genève,* aber auch Trüffel, Mandelschokolade und anderes ist von vorzüglicher Qualität wird angeboten.

146 [K9] **Chocolats Rohr (1),** Place du Molard 3, www.rohr.ch. Trüffel, Pralinen, glasierte Maronen und andere Leckereien.

147 [L9] **Du Rhône Chocolatier,** Rue de la Confédération 3, https://durhonechocolatier.ch. Seit 1875 und noch heute ein Muss für jeden Schokoladenliebhaber!

148 [J9] **Gilles Desplanches,** Rue de la Confédération 2, Tel. 022 8103028, www.gillesdesplanches.ch/magasins. Viel gerühmter Chocolatier. Im zugehörigen Tearoom gibt es auch hervorragendes feines Gebäck, heiße Schokoladen, frische Säfte und kleine Gerichte.

149 [J9] **Teuscher Confiserie,** Rue de la Corraterie 16, https://teuscher-zurich.ch. Spezialitäten sind u. a. die Champagnertrüffel. Besonders hervorzuheben ist die große Pralinenauswahl!

Spezialitäten

150 [J7] **Drinks of the World,** Place de Cornavin 7, https://beerworld.ch/gare-de-geneve. Im Bahnhof befindlicher Laden, der Biere und Spirituosen, aber auch Softdrinks aus allen Ecken der Welt anbietet.

151 [K9] **Grande Boucherie du Molard,** Rue du Marché 20, https://boucheriemolard.ch. 1921 gegründeter Metzger, der inzwischen zum exquisiten Feinkostladen aufgestiegen ist.

152 [K10] **Olivier&Co.,** Place de Bourg-de-Four 10, www.oliviers-co.com. Spezialisiert auf besondere Olivenöle aus verschiedenen Mittelmeerregionen, es werden aber auch Gewürze und diverse Feinkostprodukte angeboten.

Märkte

Fast in jedem Stadtviertel finden an bestimmten Wochentagen vormittags Wochenmärkte statt, auf der Place du Molard 16 täglich ein Blumenmarkt. Die größeren Märkte in Zentrumsnähe werden hier genannt.

Einen Besuch wert ist auch der Markt in Carouge (s. Kapitel „Einkaufen in Carouge“, S. 84).

› Eine detaillierte Übersicht aller Märkte findet sich unter www.geneve.ch/fr/faire-geneve/marches-ville-geneve.

153 [L9] **La Halle de Rive,** Rue Pierre Fatio/Bd Helvétique, www.halle-de-rive.ch, Mo.–Fr. 7.30–19 Uhr, Sa. 6–16 Uhr. Markthalle mit guter Auswahl an Käse, Bündner Fleisch und weiteren Spezialitäten, außerdem Bistrot und Café. Mi. und Sa. 8–13 Uhr findet vor der Halle (Bd. Helvétique) ein großer Bauernmarkt mit „Hühner-Imbiss“ statt.

› **Marché de Plainpalais** [I/J10], Di., Fr. 6.30–14.15, So. 8.30–18.15 Uhr. **Wochenmarkt** mit Spezialitäten wie Käse, Wurst, Gemüse und Obst. Mi./Sa. und jeden 1. So. im Monat findet hier ein **Flohmarkt** statt (s. u.).

Floh- und Kunsthandwerksmärkte

› **Marché aux puces et brocante,** Plaine de Plainpalais [I/J10]. Riesiger und relativ günstiger Flohmarkt jeden Mi. und Sa. von 6.30 bis mindestens 17.15 Uhr, außerdem am 1. So. im Monat. Besonders am Samstag große Auswahl von Kleidung über Haushaltswaren, Comics und Bücher bis hin zu Antiquitäten, meist in „Wühlkisten“ präsentiert.

› **Marché de la Fusterie,** Place de la Fusterie 15. Do. 9.30–19.30 Uhr kleiner Kunsthandwerksmarkt (Glas, Spielzeug, Schmuck, Keramik, Kerzen, Bilder), Di./Fr. 8.30–18.15 Uhr (April–Nov.) Büchermarkt und im Dez. kleiner Weihnachtsmarkt. Mi./Sa. 6.30–19.15 Uhr Wochenmarkt.

› **Place de la Madeleine** [K9], Di.–Sa. 9.30–18.15 Uhr. Exotisches, Bücher- und Kleidermarkt, auch Spezialitäten.

Bücher und Musik

› **Art et Histoire** im MAH 13, Di., Mi., Fr.–So. 11–18, Do. 12–21 Uhr. Buch-, Poster-, und Geschenkeladen, ideal auch für historisch Interessierte.

Der Flohmarkt auf der Plaine de Plainpalais kann sich als wahre Fundgrube entpuppen

157ge Abb.: mb

154 [L9] **Fnac,** Rue de Rive 16, Mo.-Mi. 9-19 Uhr, Do. 9-20.30 Uhr, Fr. 9-19.30, Sa. 9-18 Uhr. Filiale der Handelskette für Unterhaltungsmedien mit CDs, DVDs und Büchern, aber auch mit einer Foto- und Elektronikabteilung sowie Ticketverkaufsstelle (www.fnac tickets.ch).

155 [J8] **L'Oreille Cassée,** Rue Rousseau 14, www.oreillecassee.ch, Mo. 13-18.45, Di.- Fr. 10-18.45, Sa. 10-18 Uhr. Einer der besten Läden für Comic-Freunde.

156 [I13] **La Ligne - BD ART Gallery,** Rue St. Victor 35, Carouge, www.lalignebd.com, Mo. 15-18.45, Di.-Fr. 10.15-18.45, Sa. 10.15-17.30 Uhr. Comics in allen Formen, von Originalen und Postern bis hin zu Büchern, Heften und anderer Kunst.

157 [J8] **Librairie Cumulus,** Rue des Etuves 5, https://librairiecumulus.ch. Kleiner Comicladen mit gigantischer Auswahl - ein Paradies für Fans.

158 [K12] **Librairie Cupidon,** Bd. de la Cluse 43, www.bdcupidon.com, Mo.-Fr. 13.30-18.30 Uhr. Außer Comics auch große Auswahl an Funko-Pop!-Figuren.

159 [J9] **Librairie Le Rameau d'Or,** Bd Georges Favon 17. Gemütliche Buchhandlung mit neuen und gebrauchten Büchern.

160 [J10] **musics,** Rondpoint de Plainpalais 2, www.musicsgeneva.com, Mo.-Do. 12-19, Sa. bis 18 Uhr. Riesige Auswahl an CDs, LPs und DVDs (Schwerpunkt Jazz, Klassik), Secondhand und daher preiswert.

161 [K9] **Payot Libraire (1),** Rue de la Confédération 7. Der größte Buchladen der Stadt, neben Literatur große wissenschaftliche Abteilung und gutes Sortiment an Reiseführern und vor allem Comics, die hier *Bande dessinée* genannt werden. Filiale:

162 [J7] **Payot Libraire (2),** Gare de Cornavin

Einkaufen in Carouge

163 [I14] **Brönnimann & Fils,** Rue du Marché 4 (Carouge). Traditioneller Genfer Metzger mit getrüffelter Wurst, *Andouilette, Longeole* und anderen regionalen Spezialitäten.

164 [J13] **Chocolats Rohr (2),** Rue Vautier 7, www.rohr.ch, Mo.-Do. 10-20, Fr., Sa. 10-22, So. 12-18 Uhr

165 [G15] **La Praille Centre Commercial,** Route des Jeunes 10 (Carouge, Bus D bis „Stade de Genève"), www.la-praille.ch. Großes Einkaufszentrum neben dem Fußballstadion. Beherbergt rund 70 größere und kleinere Läden, darunter einen toll sortierten COOP (Supermarkt), Spielearkade und Fitnesszentrum.

› **Marché de Carouge,** Place du Marché, Tram 12/13/14, Mi., Sa. 6-14, saisonal auch Do. 14-21 Uhr, www.carouge.ch/marches. Markt auf dem zentralen Dorfplatz mit lokalen und französischen Spezialitäten (Käse, Backwaren, Obst, Gemüse, Wurstwaren, Wein).

166 [I14] **Martel Chocolatier (2),** Rue de Marché 8, tägl. 7.30-18 Uhr

167 [I13] **Philippe Pascoët,** Rue Saint-Joseph 12 (Carouge), www.pascoet.ch. Laden des preisgekrönten Chocolatiers Philippe Pascoet, der bekannt ist für Kreationen aus verschiedenen Kakaosorten mit Champagner, Kräutern, Gewürzen und verschiedenen Aromen.

168 [I13] **Teo Jakob,** Place de l'Octroi 8 (Carouge), www.teojakob.ch, Di.-Fr. 13-18, Sa. 9-17 Uhr. Laden des Top-Designers der Schweiz, in erster Linie Möbel und Wohnungszubehör.

169 [I13] **Wolfisberg,** Place du Temple (Carouge), https://wolfisberg.org, tgl. 6.30-19 Uhr. Ausgezeichnete Bäckerei mit Broten und Gebäck, aber auch speziellen Leckereien, Kuchen und Schokoladen. Angeschlossen sind ein Tearoom, ein Lokal sowie ein Kiosk auf dem Freiplatz im Sommer. Weitere Filialen.

028ge Abb.: mb

Genf zum Durchatmen

Es ist die Lage Genfs am gleichnamigen See und an der Rhône sowie das fast mediterrane Klima, das eine entsprechend üppige Flora zur Folge hat, die der Stadt in der südwestlichen Ecke der Schweiz einen besonderen Reiz verleihen. Genf protzt geradezu mit Grün – es gibt etwa 50 Parkanlagen – und hat ungewöhnlich viele öffentlich zugängliche Parks in idyllischer Lage, mit Promenaden und Ausblick entlang beider Seeufer zu bieten.

› Detaillierte Infos gibt es unter www.geneve.ch/fr/themes/environnement-urbain-espaces-verts/ville-nature/espaces-verts/parcs.

Parc des Bastions 37

Das dem Zentrum nächstgelegene Ruheidyll befindet sich an der Universität. Der Parc des Bastions mit dem alten **Botanischen Garten** von 1817 ist nicht übermäßig groß, aber botanisch interessant: Arboretum, Gewächshäuser, Stein-, Medizinal- und Duftgarten sowie ein Lokal mit Buvette, Spielen und Liegestühlen laden in unmittelbarer Nähe zur **Reformationsmauer** und zur Altstadt zum Verweilen ein. Beliebter Studententreff!

Rive Gauche: Jardin anglais 18

Am südlichen Seeufer gelegen und an die Innenstadt angrenzend, liegt dieser 1854 ins Leben gerufene Park mit Musikpavillon aus dem spätem 19. Jh. Berühmtester Teil des Parks ist die **Blumenuhr**. Sie macht den Park zum beliebten und damit auch stark frequentierten Treffpunkt von Einheimischen und Besuchern.

Rive Gauche: Parc la Grange und Parc des Eaux-Vives 21

Am Quai Gustave Ador, der sich vom Jardin anglais am linken Seeufer nach Osten erstreckt, liegen das große Areal des Parc La Grange und der Parc des Eaux-Vives.

Viele öffentliche Parks am Seeufer machen Genf zur „grünen Stadt"

150ge Abb.: mb

Ersterer ist ein wahrhaft idyllischer Park und der Ausblick von erhöhter Stelle ist spektakulär, speziell bei Sonnenuntergang. Ein Teil des Parks ist ein 1945/1946 angelegter **Rosengarten** mit über 200 Arten und 13.000 Pflanzen.

Ebenfalls botanisch sehenswert, vor allem aufgrund der **vielen Rhododendronarten** (ein Geschenk aus Holland), ist der Parc des Eaux-Vives. Um 1750 entstand die Grünfläche auf dem ehemaligen Grundstück von Louis Favre, dem Erbauer des Gotthardtunnels. Sein ehemaliges Schloss befindet sich im Parkzentrum. (Heute beherbergt es ein Hotel und ein Restaurant.)

Rive Gauche: Plage des Eaux-Vives 22

Die neuste „Erholungsinsel" in der Stadt ist das Strandbad im Viertel Eaux-Vives. Vom Quai Gustave-Ador zweigt die Promenade ab: auf der einen Seite – zum See hin – ein Strand, auf der anderen Liegewiese und unter Naturschutz stehendes Marschland. Am Ende der Promenade ist ein Lokal zu finden und von dort führt ein Steg zurück zum „Festland".

Rive Droite: Bains des Pâquis 29

Wer es etwas weniger abgeschieden haben möchte, ist auf der rechten Uferseite gut aufgehoben. An der Promenade vor den Nobelhotels entlang dem **Quai du Mont-Blanc** findet sich eine ganze Reihe unterschiedlich großer Parkanlagen.

Ein beliebter Treffpunkt der Genfer Jugend ist das mitten im Hafenbecken gelegene Bains des Pâquis, das **traditionsreiche „Volksbad"**, wo sich

⌃ Im malerischen Parc des Eaux-Vives 21 findet sich auch ein Restaurant-Hotel

abends und am Wochenende scheinbar ganz Genf trifft. Egal ob zum erfrischenden Seebad, um die Aussicht zu genießen, auf einen Drink, zum günstigen Frühstück oder Lunch: Dies ist der richtige Ort, um Menschen jeder Couleur zu treffen – man sollte allerdings keine Angst vor Menschenmengen haben.

Im August gibt es täglich von 6 bis 7 Uhr **gratis Morgen-Konzerte.** Aber auch im Winter trifft man sich hier zum Schwitzen in **Sauna oder Dampfbad.**

Rive Droite: Parc Mon Repos 30 und Perle du Lac

Nördlich des prächtigen Palais Wilson [L6] beginnt mit dem Parc Mon Repos der erste Teil einer **Kette von Grünanlagen** entlang dem rechten Seeufer.

La Perle du Lac (s. S. 68) gehört zu diesem Abschnitt, ein **traditionell beliebter Erholungsort:** Bereits in der Antike gab es hier eine Thermenanlage und eine römische Villa.

1828 entstand die **Villa Bartholoni,** die heute Sitz des Musée d'Histoire des Sciences (s. S. 64) ist. Auf dem weitläufigen Areal rund um die Villa findet jeder ein Plätzchen, sei es auf einer Bank am Seeufer oder auf einer der Wiesen unter großen, Schatten spendenden Bäumen.

Rive Droite: Parc Barton und Jardin Botanique 31

Je weiter man nordwärts Richtung UNO-Viertel wandert, umso ruhiger wird es. Der Park Barton und der Jardin Botanique sind **weitläufige Ruheidylle direkt am See.** Hier lassen sich mühelos ein paar Stunden vertrödeln, auf alle Fälle sollte ein kleines Ruhepäuschen drin sein.

Andere Ruhepunkte

Im Nordwesten des Bahnhofs Gare de Cornavin [J7] befinden sich weitere Grünanlagen, die die Bewohner der Stadtviertel zwischen Bahnhof und Flughafen als ihre „Gute Stube" betrachten: der **Parc des Cropettes** [J7] und der **Parc de Beaulieu** [I6].

Ein etwas skurriler, aber durchaus erholsamer Ort im geschäftigen Genf ist schließlich auch der **Cimetière de Plainpalais** (s. S. 46).

Ein besonders bei den Einheimischen beliebter Erholungsort ist das Rhône-Ufer am Zusammenfluss von Rhône und Arve, **La Jonction** 42. Von der Eisenbahnbrücke hat man einen guten Überblick. Steigt man zur Rhône hinab, kann man sich entweder an der Plage in La Jonction sonnen und im Fluss baden oder sich ein Plätzchen auf der ruhigeren und grüneren gegenüberliegenden Seite suchen.

MEIN TIPP

Mont Salève – Genfs Balkon

Im Süden der Stadt erhebt sich der 1379 m hohe Mont Salève, der wegen seines Aussehens **Balkon von Genf** genannt wird. Von oben hat man einen atemberaubenden Blick auf den See, die Stadt und den Jura. Schon in Frankreich gelegen, bringt eine Seilbahn Besucher in fünf Minuten hinauf. Als Aktivitäten sind Paragliding, Climbing, Mountainbiking, Wandern oder im Winter auch Skilanglauf möglich. Im Südosten sind die Alpen mit dem Bergmassiv Mont Blanc zu erkennen.

› **Anfahrt:** Bus 8 bis Endstation „Veyrier-Douane", dann Fußweg (ca. 10 Min.) über die Grenze zur Talstation in Le Pas de l'Échelle (Veyrier)
› **Infos:** www.telepherique-du-saleve.com, voraussichtlich noch **bis Sommer 2023 geschlossen**

Zur richtigen Zeit am richtigen Ort

Die nachfolgende Liste kann natürlich nur eine Auswahl der zahlreichen, in Genf stattfindenden Veranstaltungen darstellen. Vor allem im Sommer werden an verschiedenen Orten, v.a. in Parks wie Pointe de la Jonction (s. S. 48), Parc des Cropettes [J7], Parc La Grange 21 oder Parc des Bastions 37, Konzerte verschiedener Stilrichtungen gegeben.

- www.ville-ge.ch/culture/musiquesenete
- www.geneve.ch/fr/actualites/ete-concerts).
- www.geneve.com/en/plan-a-trip/agenda

Frühjahr

- **Geneva International Motor Show/Salon international de l'Auto & Accessoires:** Mitte Februar sollten sich Autofreunde wegen der größten Automobilausstellung der Schweiz, dem Genfer Autosalon, im Geneva Palexpo am Flughafen einfinden (www.gims.swiss/de).
- **International Film Festival And Forum On Human Rights:** Anfang/Mitte März geht es zehn Tage lang beim „FIFDH" um die Bedeutung der Menschenrechte. Als Mitveranstalter fungiert das UNHCR, die in Genf beheimatete UNO-Behörde für Menschenrechte (https://fifdh.org).
- **Festival Archipel:** Anfang April finden sich 10 Tage lang Fans zeitgenössischer Musik in Genf ein (www.archipel.org).
- **ELECTRON:** Ende Apr./Anf. Mai gibt es elektronische Kunst aller Sparten und Erscheinungsformen. Ausstellungen, Workshops und weitere Veranstaltungen (www.electronfestival.ch).
- **Generali Genève Marathon:** Mitte Mai, außer dem klassischen Marathon auch andere Laufwettbewerbe. Zieleinlauf an der Uferpromenade (https://generaligenevemarathon.com).

Sommer

- **Bol d'Or Mirabaud:** Nicht nur Segelfreunde sollten die Stadt während der Anfang/Mitte Juni stattfindenden größten Süßwassersegelregatta der Welt auf dem Genfersee besuchen. Der bislang schnellste Segler legte die 123 km lange Strecke entlang dem Südufer des Sees in rund 4 ½ Stunden zurück. Hobbysegler lassen sich gern einen ganzen Tag lang Zeit (www.boldormirabaud.com).
- **Fête de la Musique:** In der zweiten Junihälfte finden 3 Tage lang während dieses Musikfestivals Konzerte aller Genres auf den Straßen der Stadt und im Umland statt (www.ville-ge.ch/fetedelamusique).
- **Musiques en Été:** Anf. Juli bis Ende Aug. gibt es in der Scène Ella Fitzgerald im **Parc La Grange** 21 kostenlose klassische und Jazz-Konzerte (Infos: www.ville-ge.ch/culture/musiquesenete).
- **Allianz Cinema:** Mitte Juli–Anfang Sept. werden am Seeufer (Port Noir, Nähe **Genève-Plage** 23) Filme unter freiem Himmel vorgeführt (Infos: https://geneve.allianzcinema.ch).
- **Fête Nationale Suisse:** Nationalfeiertag am 1. August, gefeiert mit Musik, Essen und Trinken, Feuerwerk und vielseitiger Unterhaltung (www.geneve.ch/fr/faire-geneve/decouvrir-geneve-quartiers/histoire-geneve/fete-nationale).
- **Les Aubes:** Sommerkonzerte im Bains des Pâquis 29, Mitte/Ende Juli–Ende August tgl. 6–7 Uhr, Eintritt frei (https://lesaubes.ch)
- **Zirkus Knie, La Bâtie und andere Spätsommerfeste:** Ehe der Herbst Einzug hält, häufen sich Ende August/Anfang September noch einmal die Events. Da gibt der Schweizer **Zirkus Knie** ein Gastspiel (www.knie.ch), während sich das Festival **La Bâtie** in der ersten Septemberhälfte ganz der zeitgenössischen

Musik, Tanz und Theater widmet (www.batie.ch). Schließlich kann man sich am ersten Septemberwochenende während der **Journées du Patrimoine** Touren durch sonst nicht zugängliche Monumente und andere Sehenswürdigkeiten anschließen (Infos unter www.journeesdupatrimoine.ch).

Herbst

- **Fête des Vendanges:** In der zweiten Septemberhälfte kann sich der Besucher beim Weinfest in Russin im Genfer Weinland an einem Wochenende davon überzeugen, dass im Kanton Genf ausgezeichnete Weine produziert werden (www.fetedesvendangesrussin.ch).

Winter

- **Concours Hippique International de Genève:** Anf./Mitte Dezember treffen sich die besten Springreiter und Pferde (www.chi-geneve.ch).
- **Vorweihnachtszeit:** Zwischen Ende November und Ende Dezember präsentiert sich Genf weihnachtlich-festlich. **Patinoires de Noël**, Eislaufbahnen im Freien, sorgen für winterliches Vergnügen und für Licht im Dunkel sorgt die Beleuchtung des **Festival Arbres & Lumières**. Auf der Place de la Fusterie findet in den 15 Tagen vor Weihnachten der **Marché International de Noël**, der Genfer Weihnachtsmarkt, statt.

Feiertage

Von Seiten des Bundes ist nur der 1. August als offizieller Feiertag für das gesamte Land festgelegt, alle anderen Feiertage sind Sache des jeweiligen Kantons. In der gesamten Schweiz als Feiertage anerkannt sind Neujahr, Auffahrt (Christi Himmelfahrt) und der erste Weihnachtsfeiertag. Auch Karfreitag, Ostermontag, Pfingstmontag und der Stephanstag (2. Weihnachtsfeiertag) werden nahezu in allen Kantonen begangen, so auch in Genf. Spezielle Feiertage in Genf sind der Genfer Bettag im September sowie der Tag der Wiederherstellung der Republik am 31. Dezember.

An folgenden Tagen sind die Geschäfte geschlossen:

- Neujahr (1. Januar)
- Karfreitag
- Ostermontag
- 1. Mai (Tag der Arbeit)
- Auffahrt (Christi Himmelfahrt)
- Pfingstmontag
- 1. August (Fête Nationale Suisse – Schweizer Nationalfeiertag)
- Jeûne genevois – Genfer Bettag (Donnerstag nach dem 1. Sonntag im September, in Erinnerung an die Bartholomäusnacht vom 23. August 1572, als in Frankreich zahlreiche Hugenotten getötet wurden.)
- Weihnachtstag (25. Dezember) und Stephanstag (26. Dezember)
- Wiederherstellung der Republik Genf (31. Dez.)

Regelmäßig zu Gast in Genf: der Schweizer Zirkus Knie (s. S. 88)

091ge Abb.: mb

- **Fête de l'Escalade:** Der Höhepunkt des Genfer Festkalenders findet am dem Wochenende, das dem 11./12. Dezember am nächsten liegt statt. Das Fest erinnert die Stadt an den Angriff savoyischer Truppen in der Nacht vom 11. auf den 12. Dezember 1602, den die Genfer erfolgreich abwehren und sich so ihre Unabhängigkeit bewahren konnten. Höhepunkt ist am Sonntag ein Fackelzug von über 1000 Menschen zum Klang von Querflöten und Trommeln (Infos: www.1602.ch).
- **Course de l'Escalade:** Im Rahmen der Fête de l'Escalade findet am ersten Dezemberwochenende ein Volkslauf in verschiedenen Kategorien (auch für Kinder) statt (https://escalade.ch).
- **Black Movie – Festival International de Films de Genève:** Ende Januar fesselt zehn Tage lang Black Movie die alternative Kinowelt. Ungewöhnliche Filme aus weniger bekannten Ecken der Welt (aus rund 30 Ländern, Schwerpunkt Asien und Südamerika) stehen auf dem Programm (https://blackmovie.ch).

Die Escalade

Dieses traditionelle Genfer Fest erinnert alljährlich an den misslungenen Angriff der Truppen von Karl-Emmanuel von Savoyen auf die Stadt in der Nacht vom 11. auf den 12. Dezember 1602. Das Wahrzeichen der Festlichkeiten ist die Marmite, der Kochtopf, der den armen Savoyarden von der Mère Royaume, einer tapferen Frau aus dem Volk, samt Suppe über das Haupt gegossen wurde.

Zur Erinnerung an diese mutige Tat gibt es in Genfer Konditoreien anlässlich der Escalade solche Kochtöpfe aus Schokolade oder Nougat. Die Marmites werden dann feierlich zerschlagen und während der Inhalt – farbenfrohes Marzipan, das das Gemüse darstellt – herausquillt, ruft man laut aus: „C'est ainsi que périssent les ennemis de la République!" – „So werden die Feinde der Republik sterben!"

012ge Abb.: gt

GENF VERSTEHEN

116ge Abb.: gt

Genf ist mondän, elegant und international – und unübersehbar französisch geprägt. Doch Genf ist auch Bankenmetropole und Zentrum der Uhrenherstellung, zweitwichtigster Sitz der UNO, Geburtsort des Roten Kreuzes und „Mutterstadt“ der Reformation. Obwohl Genf nicht groß ist, gibt es sich ausgesprochen großstädtisch und wird zu Recht als „kleinste Weltmetropole“ bezeichnet. Die Stadt wird bewohnt von einem bunten Völkergemisch, das zwischen französischem *laissez faire* und Schweizer Ordnungs- und Reinlichkeitssinn hin- und hergerissen zu sein scheint.

Genf – ein Porträt

Schöne Flecken gibt es in der Schweiz viele, doch nur wenige andere Städte können eine derart traumhafte Lage aufweisen: eingebettet zwischen schneebedeckten Bergen – den Ausläufern des französischen Jura einerseits und denen des Mont-Blanc-Massivs andererseits – und tiefblauem See. Genf liegt an der Südwestspitze des „Lac Léman“, dort, wo die Rhône den See verlässt.

Charakter der Stadt

Die Hauptstadt des westschweizerischen Kantons Genf/Genève ist mit rund 204.000 Einwohnern (Stadtkanton über 506.000) nach Zürich die **zweitgrößte Stadt der Schweiz** und der Kanton der am zweitdichtesten besiedelte der Eidgenossenschaft nach Basel-Stadt. Der gesamte Kanton bedeckt 282 km² Fläche, die Stadt selbst umfasst knapp 16 km² und liegt 374 m über NN. Der Kanton bildet die südwestliche Ecke der Schweiz und wird fast komplett von Frankreich umgeben: Etwa 110 km bilden die Grenze zu den französischen Départements Ain und Haute-Savoie, nur etwas mehr als 4 km verbinden ihn mit dem Rest der Schweiz (Kanton Waadt/Vaud).

Die **Altstadt** oder Oberstadt Genfs befindet sich auf einem Hügel am südlichen Seeufer. Dieser bildet seit prähistorischer Zeit einen von See, Rhône und Arve sowie im Osten durch Gräben geschützten natürlichen Zufluchtsort. Nach dem Abriss der Befestigungen (1850–1880) dehnte sich die Stadt sternförmig aus. 1930 wurden die Vororte Eaux-Vives, Le Petit-Saconnex und Plainpalais eingemeindet. Das Stadtgebiet erstreckt sich am südwestlichen Teil des Genfersees, wobei die **Rhône**, die hier den See in Richtung Mittelmeer verlässt, die Stadt zweiteilt. Die **Arve**, der zweite Fluss auf Genfer Stadtgebiet, mündet westlich der Innenstadt, in La Jonction 42, in die Rhône.

Stadt und Kanton Genf liegen im sogenannten **Genfer Becken** *(cuvette genevoise)*, das sich hier an der Südwestspitze des Genfersees gebildet hat. Ringsum bietet sich ein **spektakuläres Bergpanorama:** Im Nordwesten der eher hügelige französische Jura, im Osten und Südosten die mächtigen, schneebedeckten Gipfel der Savoyer Alpen und des Mont-Blanc-Massivs.

▷ Blick vom Kathedralturm auf Altstadt und La Rade (s. S. 31)

◁ Vorseite: Das Reformationsdenkmal im Parc des Bastions 37

Auch was das Klima sowie Flora und Fauna angeht, ist Genf anders. Mit Durchschnittstemperaturen von 3 °C im Winter und 18 °C im Sommer verfügt es über ein **angenehm moderates Klima** und ähnelt damit eher einer mediterranen Stadt in Südfrankreich als einer typischen Schweizer Stadt.

Den **Genfersee** oder auch *Lac de Genève* – im Deutschen ist auch die getrennte Schreibweise „Genfer See" gebräuchlich – nennen die Genfer **„Lac Léman"**. Dieser Name geht auf die Römer zurück: Die ganze Region hieß in der Antike nämlich *Lemanus* oder *Lemannus* und der See *Lacus lemanus* nach dem keltischen Wort für „großes Wasser".

Mit seinen 73 km Länge und 13 km größter Breite ist der sichelförmige Genfersee nicht nur größer als der Bodensee, er ist nach dem Plattensee (Ungarn) sogar der **zweitgrößte See Mitteleuropas.** Von seinen etwa 580 km² Fläche gehört der größte Teil, rund 350 km², zur Schweiz (Kantone Genf, Waadt und Wallis), Teile am Südufer dagegen zu Frankreich (Haute-Savoie). Neben Genf liegen noch weitere bekannte Schweizer Städte am See: Lausanne, Montreux und Vevey. Bekanntester französischer Ort am See ist Evian, woher auch das berühmte Mineralwasser kommt.

Im Laufe der Erdgeschichte hat sich der See immer tiefer eingegraben, heute liegt er auf etwa 370 m über NN. An seiner tiefsten Stelle misst man 310 m, der Wasserinhalt liegt bei 89 km³, damit ist er einer der was-

„Smoke on the Water"

Mit diesem gleichnamigen Hit hat die legendäre Rockband Deep Purple dem Genfersee 1972 ein musikalisches Denkmal gesetzt. Ein Jahr zuvor hatte während eines Konzerts von Frank Zappa and The Mothers of Invention beim Jazz Festival in Montreux, am Ostende des Sees, ein Fan aus Versehen ein Casino in Brand gesetzt. Die über den See ziehenden Rauchschwaden animierten Deep Purple zu ihrem Hit.

126ge Abb.: mb

159ge Abb.: mb

serreichsten Seen Europas. Hauptzufluss ist die Rhône, die bei Genf den See verlässt, um rund 500 km südlich bei Port-Saint-Louis-du-Rhône ins Mittelmeer zu münden. Der Fluss hat diesen Westteil des Seeufers im Laufe der Zeit durch Ablagerungen verändert, sodass mancher Ort, der einst am Ufer lag, heute kilometerweit vom See entfernt ist.

Die Fischerei – meist Barsch und Egli – spielt heute keine große Rolle mehr, dafür gilt der Genfersee heute als **Segelparadies.** Ein besonderes Phänomen ist das sogenannte „Seichen". Dabei kann sich der Wasserspiegel des Sees innerhalb einer halben Stunde zwischen einem halben bis zu eineinhalb Metern heben oder senken. Diese „Ebbe und Flut im Miniaturformat" führt man auf Luftdruckschwankungen besonders nach Stürmen zurück.

Genfs Name – offiziell spricht man in der französischen Westschweiz von Genève – soll sich von den keltischen Wörtern „gen" (Mund) und „ava" (Wasser) ableiten. Auch wenn Genf, was Sprache, Küche, Gebräuche, Mentalität und Architektur angeht, durch und durch französisch ist, bilden die *Genevois,* die Genfer, ein **buntes Völkergemisch.** Im Kanton und der Stadt Genf liegt der Ausländeranteil bei über 40 % (zwei Drittel aus europäischen Ländern) und man spricht von mehr als 190 Nationalitäten, die hier versammelt sind und Genf den Hauch einer Weltstadt verleihen. Dennoch oder gerade wegen der vielen Ethnien kennt Genf jedoch kein Ausländerproblem.

Amtssprache ist Französisch und drei Viertel der Bevölkerung sprechen es. Für die Genfer zählen sogar die nicht französisch sprechenden Restschweizer als „Innere Ausländer". Deutsch wird selten und ungern gesprochen, während aufgrund des internationalen Publikums Englisch häufiger zu hören und auf Beschilderungen zu finden ist.

Genf ist eine **internationale Stadt**, allein schon durch die Präsenz der UNO und anderer Institutionen, Botschaften und Firmen, die hier ihren Sitz haben – mehrere Hundert internationale Regierungs- und Nichtregierungsorganisationen unterhalten hier Büros –, aber auch aufgrund seiner historischen Rolle als Ort, an dem Flüchtlinge (vor allem Religionsflüchtlinge) Zuflucht fanden. Kurioserweise sind in jener Stadt, die einmal das **„Protestantische Rom"** (s. S. 97) genannt wurde, heute gut ein Drittel konfessionslos, derselbe Anteil katholisch und lediglich zwischen 10 und 16 % reformierter Konfession.

Genfs unübersehbares Wahrzeichen ist der Jet d'eau, jene 140 m hohe Wasserfontäne am Hafen La Rade, und legendär ist die berühmte Blumenuhr *(Horloge Fleurie)* im Jardin anglais. Beide sind wie die gesamte Stadt zum See hin orientiert. Rund um das Ufer ziehen sich Promenaden, reihen sich illustre **Parks** mit Villen und Schlössern in prominenter Lage auf. Die meisten sind öffentlich zugänglich und extrem gepflegt, gehen doch in Genf französisches *laissez faire* und Schweizerischer Ordnungssinn und Sauberkeit eine angenehme Symbiose ein.

In den südlichen **Vororten** von Genf leben die Beamten und Angestellten, hoch über dem Seeufer mit seinen traumhaften Ausblicken, wie in Cologny, hingegen die Wohlhabenden, die Prominenten und Stars, alteingesessene Familien, Politiker und andere Persönlichkeiten, die nicht unbedingt aus Genf oder der Schweiz stammen müssen. Über 40 Gemeinden gehören zum Stadtkanton und einige davon sind sehr ländlich geblieben, bilden **„la campagne", das Hinterland**, das über die französische Grenze hinausreicht. Dort herrschen Landwirtschaft und Weinbau vor – und dort sind Lebenshaltungskosten und Wohnungen preiswerter.

Die Blumenuhr („Horloge Fleurie") im Jardin anglais ist eines der Wahrzeichen von Genf

Lage und Stadtviertel

Historisch gesehen bildet die erhöht am Südufer gelegene **Altstadt**, die *Vielle Ville* um die Cathédrale, das Rathaus und die Place du Bourg-de-Four, das Herz Genfs. Dabei gehörten seit jeher die *Île*, die **Rhôneinsel**, und **Saint-Gervais** am nördlichen Rhône-Ufer zur Stadt dazu und waren in die Ummauerung einbezogen. Rings um diesen alten Kern haben sich diesseits und jenseits der Rhône und entlang dem Seeufer moderne Viertel entwickelt.

Dabei war der **Anschluss des Kantons an die Schweiz** zu Beginn des 19. Jh. ein wichtiger Einschnitt für die Stadtentwicklung. Dieser markierte eine Phase des Friedens und der Ruhe und so konnte ab 1850 die alte Stadtmauer abgerissen werden, um Platz für neue Wohn- und Industrieviertel um den alten Stadtkern zu schaffen. Ein zweiter Ring an Wohnarealen entstand mit der Eingemeindung stadtnaher Regionen und einem neuerlichen Bauboom in den 1920er-Jahren.

Genf besteht verwaltungstechnisch aus **Vierteln oder Stadtteilen**. Den Kern bilden die Quartiers Cité (das die Altstadt einschließt), Plainpalais, Acacias und La Jonction, die sich vom Ausfluss der Rhône und vom Jardin anglais über den zentralen Platz

Plainpalais bis zur Arve erstrecken. Dieses **Zentrum** ist zwar nicht allzu groß, verfügt jedoch über beachtliche historische Bausubstanz: die romanische Kathedrale St.-Pierre und die Kirchen La Madeleine, St.-Germain, St.-Gervais, das Rathaus und Bürgerhäuser aus dem 13. bis 18. Jh. sowie die Universität. Zum Seeufer (und dem Jardin anglais) hin verlaufen die **„Rues Basses"**, die mondänen Einkaufsstraßen der Stadt.

Im Osten, entlang der Rive Gauche, dem linken Seeufer, folgt das Viertel Eaux-Vives, südlich davon und südöstlich des Zentrums als drittes Stadtviertel Champel. Westlich des Zentrums, um die Arve und deren Mündung in die Rhône, erstreckt sich Jonction. Gegenüber, am nördlichen Rhône-Ufer, liegen Saint-Jean/Charmilles und näher am See Grottes und **Saint-Gervais.** Letzteres gehört nach neuen Grabungen zu den ältesten Stadtteilen Genfs und heute pulsiert hier aufgrund des Hauptbahnhofs das moderne Leben. Dahinter breitet sich in nordwestlicher Richtung – zum Flughafen hin – Servette/Petit-Saconnex aus.

Das letzte Viertel der Stadt liegt an der Rive Droite, am rechten oder nordwestlichen Seeufer, und heißt „Pâquis/Nations". Während Pâquis als Nightspot beliebt ist und am See Promenade und Parks lohnen, sind in Nations – wie der Name schon andeutet – die Vereinten Nationen zu Hause.

Zu den **besuchenswerten Gemeinden im Umfeld** der Stadt gehören Carouge im Süden jenseits der Arve und direkt an das Zentrum anschließend sowie der an der Rive Gauche und östlich von Eaux-Vives gelegene Nobelvorort Cologny.

Genfs Wappen

Das Wappen des Kantons ist längs geteilt: Auf der linken Seite befindet sich ein schwarzer Adler mit roter Krone auf gelbem Grund. Er verkörpert das Emblem des Heiligen Römischen Reiches deutscher Nation, dem Genf als freie Reichsstadt lange angehörte.

Die rechte Seite des Wappens ziert ein gelber Schlüssel auf rotem Grund, das Symbol des Apostels Petrus. Genfs Wappen ist keine Erfindung aus den Jahren nach dem Anschluss an die Eidgenossenschaft 1814/15, vielmehr liegen schon in zwei Büchern aus dem Jahr 1451 Darstellungen davon vor.

038ge Abb.: mb

Von den Anfängen bis zur Gegenwart

Die Geschichte Genfs umfasst etwa 5000 Jahre. Es war der legendäre Julius Caesar, der die Stadt erstmals namentlich erwähnte: In seinem jedem Lateinschüler bekannten Werk „De Bello Gallico" taucht der Name „Genava" für die Ansiedlung an einer strategisch wichtigen Brücke über die Rhône erstmals auf.

Aufstieg zur Weltmetropole

Erst über 1500 Jahre später trat Genf erneut ins Rampenlicht der Weltgeschichte: 1536 fand der aus Paris geflohene Theologe **Jean Calvin** (1509–1565) in Genf eine neue Heimat. Seine Ideen fielen hier auf fruchtbaren Boden und die **Reformation** machte Genf zu einem bedeutenden protestantischen Zentrum. Religionsflüchtlinge – im 16. und 17. Jh. vor allem Hugenotten aus Frankreich – fanden hier Asyl und verhalfen Genf zu Ruf und Ansehen. Sie begründeten Handwerke wie die Papierherstellung oder den Buchdruck, gründeten die Universität und trugen dazu bei, dass die Stadt zur „plus petite des grandes capitales", zur „kleinsten Großstadt der Welt", zu „Klein-Paris" wurde.

Hätte man vom 16. Jh. an ein „Gästebuch" geführt, wäre die Liste an Schriftstellern und anderen **Persönlichkeiten**, die die Stadt besuchten und sich hier wohl fühlten, lang: Goethe, Chateaubriand, Lord Byron, Dostojewski, Musil, Voltaire, Le Corbusier, Liszt, Sissi oder Colette – alle waren von der Stadt am Genfersee begeistert. **Casanova** behauptete in seinen Memoiren, in Genf besonders gut genächtigt zu haben – sicher leistete ihm dabei die eine oder andere Genfer Dame im August 1760 Gesellschaft. **Ferdinand Hodler**, ein berühmter Schweizer Maler, fand die Stadt und ihre Lage so berauschend, dass er gar nicht mehr wegzog und den Lac Léman als bevorzugtes Bildmotiv verwendete. Der Philosoph und Schriftsteller **Jean-Jacques Rousseau** (1712–1778) wurde nicht nur hier geboren, er nannte sich öffentlich stolz „Citoyen de Genève".

Immer wieder hatte Frankreich ein Auge auf die selbstbewusste und unabhängige Stadt geworfen. 1798 gelang es Napoleon, Genf zu annektieren und zum Sitz des französischen *Département du Léman* zu machen. Erst 1813 wurde Genf wieder unabhängig und 1814 stimmte schließlich die Eidgenossenschaft dem Beitritt Genfs zu.

Erneut für Furore sorgte 1863 der Genfer **Henri Dunant**, indem er das „Internationale Hilfskomitee für Kriegsverletze", das heutige **„Rote Kreuz"** gründete. Kein Wunder, dass US-Präsident Woodrow Wilson nach dem Ersten Weltkrieg gerade diese Stadt 1919 als Sitz des Völkerbundes – ein Vorläufer der UNO – wählte und auch nach **Gründung der Vereinten Nationen** Genf als zweitwichtigster Sitz nach New York für die Diplomatie bedeutend blieb.

So war also aus einem kleinen Fischerdorf am Genfersee über die Jahrhunderte hinweg eine **ethnisch vielfältige und dennoch bodenständige Weltmetropole**, ein Hort von Freiheit und Toleranz mit kosmopolitischem Gepräge geworden. Genf beherbergt heute zahlreiche öffentliche und private kulturelle Einrichtungen (Universität, Museen, Bibliotheken) und ist das regionale Zentrum einer grenzüberschreitenden Zusammenarbeit zwischen Schweiz und Frankreich in den Bereichen Gesundheit, Bildung, Kultur und Verkehr.

Geschichtlicher Überblick

3000 bis 2500 v. Chr. Erste Besiedelungsspuren am Seeufer sind nachzuweisen. Spuren einer Pfahlbausiedlung finden sich im heutigen Hafenbereich.

Um 500 v. Chr. Der keltische Volksstamm der Allobroger errichtet auf dem Hügel, auf dem sich heute die Altstadt befindet, ein oppidum (Stadt).

120 v. Chr. Die keltische Ortschaft gerät unter römische Vorherrschaft.

58 v. Chr. Julius Caesar lässt die Rhônebrücke zerstören, um einen Vorstoß der Helvetier nach Gallien aufzuhalten.

52 v. Chr. In seinem Rechenschaftsbericht „De Bello Gallico" erwähnt Caesar in diesem Zusammenhang erstmals den Ort Genava.

1. Jh. v. Chr. Aus dem kleinen römischen vicus (Dorf) entwickelt sich eine bedeutende Stadt, die Civitas Gevanensium.

Kurz vor 400 n. Chr. Genf wird zur Bischofsstadt und tritt damit ins christliche Mittelalter ein.

443 n. Chr. Die Burgunder dringen in die Region ein und Genf wird Teil und wichtige Stadt des Burgunderreichs.

534 Franken erobern die Region und Genf.

887–1032 Genf gehört wieder zum Burgunderreich. Mit diesem fällt es schließlich an das Heilige Römische Reich deutscher Nation. Die Stadt untersteht jedoch nie direkt den Fürsten, sondern wird bis zur Reformation von Bischöfen und Adeligen regiert und behält den Status als freie Reichsstadt.

☒ *Calvin bestimmte im 16. Jh. die politischen und religiösen Geschicke der Stadt*

1160 Baubeginn der Cathédrale de Saint-Pierre.

1387 Die Genfer Bürger erhalten vom Bischof das Selbstverwaltungsrecht zugestanden.

1526 Bern, Fribourg und Genf gründen einen Städtebund.

1534–1798 Genf ist unabhängige Stadtrepublik.

1536 Flucht Jean Calvins von Paris nach Genf. Mithilfe des Genfer Reformators Guillaume Farel (1489–1565), der schon 1532 die neue Lehre vertrat, bestimmt Calvin – besonders ab 1541, nach der Rückkehr aus einer dreijährigen Verbannung– die politischen und religiösen Geschicke der Stadt.

1559 Calvin gründet die Genfer Akademie (die heutige Universität) als Ausbildungsstätte für reformierte Theologen.

Ab 1550 Verfolgte Protestanten aus anderen Ländern flüchten nach Genf. Sie tragen zu wirtschaftlicher Blüte und weltweitem Handel bei. Genf entwickelt sich zum „protestantischen Rom" und die calvinistischen und reformatorischen Ideen werden in alle Welt hinausgetragen.

1584 Gründung des Städtebunds Bern, Genf und Zürich.

1602 Die Savoyer versuchen erneut, Genf zu erobern. Die Truppen von Herzog Karl Emanuel I. scheitern in der Nacht vom 11. auf den 12. Dezember 1602 beim Sturm auf die Stadtmauer. Bern und Fribourg sind den Genfern zu Hilfe geeilt. Seitdem feiern die Genfer diesen Sieg und damit auch ihre Unabhängigkeit mit dem historischen Fest „Escalade" (s. Exkurs S. 90).

1685 Das Edikt von Nantes von König Louis XIV. macht der Religionsfreiheit in Frankreich ein Ende. Eine zweite Flüchtlingswelle erreicht Genf.

17. und 18. Jh. Die Flüchtlinge – Händler, Bankiers, Uhrmacher und Goldschmiede – sorgen dafür, dass Genf einen Aufschwung erlebt. Viele Bankiers machen auch im Ausland Karriere: Jacques Necker ist unter Louis XVI. Finanzdirektor und Albert Gallatin (1761–1849) erster Secretary of the Treasury der jungen USA.

1712 Der Philosoph und Schriftsteller Jean-Jacques Rousseau erblickt in Genf das Licht der Welt. Voltaire hält sich 1758–1778 in Genf auf und auch andere Wissenschaftler und kluge Köpfe zieht es in die Stadt.

1792 Abschaffung des Ancien Régime infolge der Genfer Revolution, doch 1798 Annexion der Republik durch Frankreich (unter Napoleon). Bis 1813 ist Genf die Hauptstadt des französischen Département du Léman.

12. September 1814 Der Schweizer Bundestag stimmt dem Beitritt Genfs in die Eidgenossenschaft zu, die Vertragsunterzeichnung erfolgt am 19. Mai 1815. Genf ist nun offiziell Schweizer Kanton.

1846 Unter James Fazy kommt es zu einer Revolte gegen das Restaurationsregime. Daraufhin gibt sich der Kanton Genf eine neue, bis heute gültige Verfassung.

Ab 1850 Ausbau der Stadt, Abriss der alten Stadtmauern und konfessionelle Öffnung nach außen, vor allem seit der verfassungsrechtlichen Trennung von Staat und Kirche im Jahr 1907. Flüchtlinge aus ganz Europa (darunter Lenin) finden im Laufe des späten 19. Jahrhunderts in Genf Asyl und internationale Organisationen beginnen, sich in der Stadt anzusiedeln.

1864 Henri Dunant, Guillaume-Henri Dufour und Gustave Moynier gründen das „Internationale Komitee für Kriegsverletzte“, das heutige „Internationale Komitee vom Roten Kreuz“ (IKRK).

1879 Eröffnung des Grand Théâtre (Opernhaus)

1891 Das Wahrzeichen Genfs, der Jet d'eau, entsteht. Das ursprüngliche Überdruckventil der Wasserwerke wird erst 1947 mit einer Pumpe ausgestattet,

037ge Abb.: mb

die 500 l Wasser pro Sekunde in 140 m Höhe spritzen lässt.

1898 Die Habsburger Kaiserin Elisabeth von Österreich-Ungarn („Sissi“) wird auf der Genfer Hafenpromenade von dem italienischen Anarchisten Luigi Lucheni mit einer zugespitzten Feile oder einem Stilett verletzt und stirbt kurz darauf in ihrem Zimmer im Hotel Beau-Rivage.

1919 Nach dem Ersten Weltkrieg wird Genf Sitz des von US-Präsident Woodrow Wilson initiierten Völkerbunds, der als Vorläufer der UNO gilt.

1920 Eröffnung des Flughafens.

1924 Erste Internationale Automobilmesse.

1930 Durch einen Volksentscheid werden die Stadt Genf und ihre Vorortgemeinden zusammengelegt.

1949 Nach Gründung der Vereinten Nationen in San Francisco und Einrichtung des Hauptsitzes in New York wird Genf europäischer Sitz der UNO. In der Folge

036ge Abb.: mb

ziehen mehr und mehr internationale Organisationen in das Umfeld der UNO. Auch unabhängige Vereinigungen wie der Ökumenische Rat der Kirchen wählen Genf als Standort.

1953 Die international renommierte Forschungsstätte CERN 50 (Kernphysik) lässt sich in Genf nieder.

1987 Der ehemalige Ministerpräsident von Schleswig-Holstein, Uwe Barschel, wird im Hotel Beau-Rivage tot in der Badewanne aufgefunden.

16. März 2003 Einweihung des Fussballstadions Stade de Genève 47 im Vorort Lancy

2003 und 2007 Die Segeljacht des Genfer Unternehmers Ernesto Bertarelli (Serono International AG) gewinnt die berühmteste Segeltrophäe der Welt, den America's Cup, und macht das Binnenland Schweiz so zu einer Segelhochburg.

2008 Genf ist einer der Austragungsorte der Fußballeuropameisterschaften in Österreich und der Schweiz.

2013 bis 2015 Die Stadt feiert ihren Betritt zum Schweizer Bund vor 200 Jahren mit verschiedenen Events.

16. März 2016 200-Jahrfeier zur Verabschiedung des Vertrags von Turin, der den Anschluss vieler Gebiete, u. a. von Carouge, an den Kanton Genf regelte.

2019 Wiedereröffnung des renovierten Grand Théâtre de Genève 35

8. Januar 2020 Die legendäre Konzerthalle Alhambra feiert ihr 100-jähriges Bestehen.

2023 soll der renovierte Temple de la Fusterie wiedereröffnen. Im gleichen Jahr wird im CERN das Portail de la Science neu eröffnen.

Ein Mosaik im L'Ancien Arsenal (s. S. 19) zeigt Julius Caesars Ankunft in Genf

Leben in der Stadt

Der Kanton Genf

Genf (ca. 204.000 Einwohner) ist Hauptstadt des westschweizerischen, gleichnamigen Kantons Genf, kurz „GE“, und dieser ist wiederum seit 1815 einer der 26 Schweizer Kantone. Er zählt damit zwar zu den jüngeren, rangiert jedoch, was den Wohlstand der Bevölkerung, Finanzen und Wirtschaft angeht, im oberen Drittel.

Der „Stadtkanton“ mit über 506.000 Einwohnern besteht aus **45 Gemeinden** *(communes)*. Dazu gehören die Stadt Genf – *Genève-Ville* – sowie Vernier (35.000 Einwohner), Lancy (34.000 Einwohner), Cologny (5.900 Einwohner) und Carouge (22.500 Einwohner) als touristisch interessanteste Kommunen. Die Stadt Genf unterteilt sich in vier *sections*, die sich wiederum in *quartiers* aufteilen. So umfasst die **Section Cité** die Quartiers Cité/Centre, St-Gervais, Chantepoulet, Délices, Grottes, Montbrillant und Pâquis. Zur **Section Plainpalais** gehören die Quartiers Champel, La Cluse, Jonction und Bâtie Acacias, zur **Section Eaux-Vives** die Viertel Eaux-Vives, Lac und Florissant-Malagnou, zur **Section Petit-Saconnex** die Quartiers Sécheron, O.N.U., Grand-Pré, Vermont, Bouchet, Moillebeau, Charmilles, Châtelaine, Saint-Jean und Aire.

Geografisch gesehen ist der Kanton eine **Enklave**: Nur gut 4 km Grenze verbinden Genf mit dem Rest der Eidgenossenschaft, über 100 km Grenze sind es jedoch zu Frankreich. Schweizer Nachbar ist der Kanton Waadt/Vaud. Auf dessen Kantonsgebiet liegen um die Ortschaft Céligny zwei kleine Enklaven, die zu Genf gehören, ebenso wie ein 38 km² großer Teil des Genfersees, der „Kleine See“ genannt.

Die geografische Randlage des Schweizer Kantons Genfs hat auch ihr Gutes: Sie macht Genf zu einer **länderübergreifenden Schnittstelle** im Zentrum Westeuropas. So ist die Stadt nur eine Flugstunde von Paris und Mailand und weniger als zwei Flugstunden von London, Rom oder Madrid entfernt.

Genf verfügt über den zweitgrößten Schweizer Flughafen nach Zürich-Kloten, den **Genève Aéroport (GVA)** in Cointrin, und ist nicht nur an das hervorragende Schweizer Bahnnetz angeschlossen, sondern auch an das französische Hochgeschwindigkeitsbahnnetz TGV. Die Stadt liegt schließlich auch an der internationalen Autobahnroute zwischen der Schweizer Hauptstadt Bern und der französischen Metropole Lyon. Auch der regionale, grenzübergreifende öffentliche Nahverkehr – vor allem Straßenbahnen – spielt eine Rolle.

Stadt des Friedens und der Integration

Die **Regierung** des Kantons Genf besteht aus dem *Conseil d'État*, dem Staatsrat, der die Exekutive bildet und aus sieben Mitgliedern besteht, die einzelne Départements oder Ressorts vertreten und damit die Kantonsverwaltung bilden. Die Stadt Genf selbst wird von fünf Räten verwaltet. Der *Grand Conseil*, die Legislative, besteht aus 100 Abgeordneten, die auf vier Jahre gewählt werden. Der Rat dient als gesetzgebende Gewalt, während die *Pouvoir Judiciaire*, zu der auch der *Cour des comptes* (Rechnungshof) gehört, die dritte Säule des Staatswesens bildet, die Jurisdiktion.

Genf genießt einen historischen Ruf als **Zufluchtsstätte von Flüchtlingen** aus aller Welt. Im Laufe der Jahrhunderte schwappten immer wieder Wellen über, die wesentlich zur industriellen und kulturellen Entwicklung der Stadt beitrugen: Druckerei, Uhrmacherkunst oder Seidenindustrie sind vor allem den Immigranten zu verdanken. Heute nennt sich Genf stolz „Melting Pot", ist sie die Schweizer Stadt mit dem höchsten Ausländeranteil: Über 40 % sollen es sein, wobei 190 Nationalitäten vertreten sind.

Seit 1863 Henri Dunant mit Genfer Freunden das Internationale Komitee vom Roten Kreuz ins Leben gerufen hatte, war Genf als die „Stadt des Friedens und der Integration" bekannt. **Über 400 internationale Regierungs- und Nichtregierungsorganisationen** (NGOs) haben ihre Niederlassungen hier eingerichtet, darunter das Büro der Vereinten Nationen (UNO), die Konferenz der Vereinten Nationen über Handel und Entwicklung (UNCTAD), die Internationale Arbeitsorganisation (IAO), die Weltgesundheitsorganisation (WHO) und das Hochkommissariat für Flüchtlinge (UNHCR). Die wichtige Rolle Genfs als Hauptstadt des Welthandels manifestiert sich in der Welthandelsorganisation (WTO). Da die Internationale Standardisierungsorganisation (ISO), die Internationale Fernmeldeunion (UIT) und die Weltorganisation für intellektuelles Eigentum (WIPO) in Genf niedergelassen sind, gilt die Stadt zugleich als Zentrale für technische Normung und Urheberrechte.

Ein großer Teil der neuen Plage des Eaux-Vives (22) wurde renaturiert

Grünes Genf

Es sind nicht allein die Lage am See, das grüne Ufer und die Berge ringsum, die Genf zur „grünen Stadt" machen. Etwa **20 % des Stadtgebiets** sind grün. Stolz verweist man auf 310 ha an Stadtparks und über 400.000 Pflanzen, darunter um die 40.000 Rosenbüsche und 40.000 Bäume, die man in den öffentlichen Anlagen gezählt haben will. Darüber hinaus hat die Stadt schon 2010 den „European Energy Award" erhalten und gilt als eine der saubersten Städte Europas.

Doch damit gibt man sich nicht zufrieden. Genf will schon wegen des Status als UNO-Hauptstadt im **Umwelt- und Klimaschutz**, bei **Nachhaltigkeit** und beim **Ökotourismus** eine Vorbildfunktion übernehmen. Dazu wurden unterschiedliche Projekte und Aktionen wie „Nourrir la ville" (Stadternährung) ins Leben gerufen und von einem eigenen städtischen Nachhaltigkeitsbüro geleitet.

Zum Thema **Stadternährung** gehören Projekte wie **Legumes en Ville** (www.legumesenville.ch). Auf einer Fläche vor dem **MAH** (13) zeigen Landwirte und Gärtner, wie man Brachflächen in der Stadt zum Gemüseanbau nutzen kann. Neben offenen Anbauflächen gibt es auch ein Gewächshaus, in dem gezeigt wird, dass „Urban Gardening" keine Zauberei und überall und für jeden möglich ist.

Nicht nur auf den zahlreichen Märkten, auch in Lebensmittelläden findet sich das Label **Genève Région – Terre Avenir.** Damit sind Produkte aus dem Kanton gekennzeichnet, was dem Konsumenten die Möglichkeit gibt, regionale Produkte schnell zu erkennen. Auch in Lokalen wird vermehrt auf sie zurückgegriffen.

Gegen Lebensmittelverschwendung wurde **Partage**, die Nahrungsmittelbank des Kantons – ähnlich den deutschen „Tafeln" – gegründet. Täglich werden unverkaufte Produkte gesammelt und kostenlos an gemeinnützige Organisationen weitergegeben, die sie an Menschen in Not verteilen.

Die **Trinkwasserqualität** in Genf ist hoch und es gibt – sehr kostensparend – überall in der Stadt Brunnen (gekennzeichnet mit „Eau potable"). Das Wasser kommt zu 80 % aus dem Genfersee, der Rest aus dem Untergrund. Der See dient jedoch nicht nur als Trinkwasserquelle, mit dem Projekt **GeniLac** nutzen die lokalen Stadtwerke SIG das Wasser auch dazu, im Stadtzentrum Gebäude zu kühlen oder zu heizen. Ziel ist eine Reduktion der CO_2-Emissionen um bis zu 80 %. Dazu trägt auch **Palexpo SA** bei, die zweitgrößte Solaranlage in der Schweiz. Auf 30.000 m² Fläche erstrecken sich Solarpaneele auf dem Kongress-Komplex und liefern Energie für fast 1400 Haushalte.

Beim Spaziergang durch den Parc la Grange reibt man sich verwundert die Augen: eine **Schafherde** als „Rasenmäher"? Sie ist Teil des Projekts **Urbanature**, das die Natur verstärkt in die Stadt bringen soll. In diesen Zusammenhang gehören auch die **Murs Sanctuairies**, acht Mauerabschnitte in der Stadt, die unter Schutz stehen, weil sich an ihnen seltene Pflanzen, v. a. Moose und Flechten, angesiedelt haben. Dazu gehören jene an der Promenade Saint-Antoine [K10], an der Rampe de la Treille [J9], an der Rue de la Croix-Rouge [J9–K10] oder an der Perle du Lac (s. S. 38).

› www.geneve.com/en/sustainability-in-geneva
› www.geneve.com/de/meetings-and-conferences/geneva-meets-green
› **Touren:** www.geneve.com/en/attractions/public-guided-tour-geneva-a-green-and-sustainable-city

164ge Abb.: mb

Das Projekt „Legumes en Ville" vor dem MAH 13

165ge Abb.: mb

Tourismus und Wirtschaft

Dass Genf eine wichtige Konferenz- und Kongressstadt ist, macht sich im **Fremdenverkehr** bemerkbar. Wegen der hier zahlreich ansässigen *Organisations Internationales Gouvernementales* (OIG) kommen etwa drei Viertel aller Besucher Genfs zu offiziellen, d.h. beruflichen Zwecken. Nach Zürich ist Genf das wohl beliebteste Städteziel der Schweiz.

Die beiden **Hauptstandbeine der Wirtschaft** sind, was den Anteil am Gesamtumsatz betrifft, jedoch noch immer die **Banken** und die **Uhrenherstellung**. Dazu kommen die Geschmacks- und Duftstoff-Industrie (für die Parfümherstellung), der Großhandels- und Dienstleistungssektor sowie die chemische Industrie als weitere wichtige Wirtschaftsfaktoren. Die Uhrenindustrie hat in Genf eine lange Tradition, einst getragen von Religionsflüchtlingen aus Frankreich und Italien. Gerade in Genf wurden auf diesem Gebiet viele wegweisende Erfindungen gemacht und große Firmen gegründet: Baume & Mercier und Piaget (beide produzieren heute im Ausland), Rolex und Roger Dubuis, Patek Philippe und Franck Muller sind große in Genf ansässige Uhrenfirmen. Der Salon International de la Haute Horlogerie im Januar und der Grand Prix d'Horlogerie belegen jeden November die Bedeutung dieses Industriezweigs.

Im Zusammenhang mit der Uhrmacherkunst steht die **Emaille- und Fayencekunst**, denn früher war eine Uhr nicht nur ein Zeitmesser, sondern auch ein kunstvolles Schmuckstück. Porzellanfigürchen von Liotard hielten Standuhren und in Carouge befand sich eine bedeutende Fayence-Werkstätte, 1803 von Louis Herpin ins Leben gerufen. Ihre Erzeugnisse sind heute im Musée de Carouge (s.S. 64) oder Musée Ariana (44) zu bewundern.

Um beim **Kunsthandwerk** zu bleiben: Auch die Stofffabrikation hat in Genf Tradition. Bekannteste Firma war Fazy (Bergues), die 1785 mit 2000 Arbeitern gegründet wurde. Außerdem gibt es alteingesessene, angesehene Töpfereien, viele davon in Carouge. Insbesondere im Segment der Holzarbeiten (Baudetails, Holzlöffel u.a.) haben sich Genfer Kunsthandwerker besonders hervorgetan.

Derzeit soll es in Genf **um die 120 Bankniederlassungen** geben, darunter über 50 internationale. Große Weltbanken wie Crédit Suisse oder UBS zeigen sich spendabel und sponsern besonders gern im Kulturbereich (z.B. Grand Théâtre) oder im Sportbereich (Alinghi).

Zino Davidoff, geboren 1906 in Novgorod-Severski (Ukraine), gestorben 1994 in Genf, baute hier den von seinem Vater gegründeten Zigarettenladen zu dem heute bekannten internationalen Tabakimperium aus. 1911 war die Familie vor Pogromen nach Genf geflüchtet.

Die **Landwirtschaft** ist in den letzten Jahrzehnten rückläufig und abgesehen von Gemüseanbau (Tomaten, Linsen u.a.) spielt vor allem der Weinbau im Genfer Umland eine größere Rolle: An die 1400 Hektar Weinflächen soll es geben und damit steht der Kanton Genf nach dem Wallis und Waadt an dritter Stelle in der Weinproduktion in der Schweiz. Das kantonseigene „Staatsgut" *Vignoble de l'Etat/Domaine de la République et Canton de Genève* umfasst rund 6ha, auf denen mit vielerlei Rebsorten experimentiert wird (s.S. 58).

125ge Abb.: mb

Die „Stadt in der Stadt“: UNO-Sitz Genf

Die „United Nations Organisation“ – kurz UNO – wurde im Angesicht der Katastrophe des Zweiten Weltkriegs am 19. Oktober 1945 in San Francisco auf Initiative der USA von 51 Ländern gegründet. Inzwischen gehören **193 Nationen** der Organisation an – kurioserweise ist die Schweiz erst im Jahr 2002 beigetreten. Nachdem der Millionär John D. Rockefeller in New York ein Gelände – damals 5,8 Mio. Dollar wert – am East River der UNO zur Verfügung gestellt hatte, wurde hier die Zentrale der Vereinten Nationen eingerichtet. Doch schon bald wurde deutlich, dass man darüber hinaus eine Dependance auf dem „alten Kontinent“ Europa benötigt. Die Wahl fiel nicht schwer: Als Sitz des Vorläufers der UNO, des 1920 gegründeten und 1946 aufgelösten Völkerbundes, war die „Perle am Genfersee“ als zweiter UN-Sitz prädestiniert.

Gegen einen **Ausbau des alten Völkerbundsitzes** im Palais Wilson [L6] direkt am Seeufer setzten sich sowohl die Stadt als auch einflussreiche Bürger zur Wehr. Schon 1928 hatte die Stadt zum Glück mit dem Völkerbund große Teile des zur alten Revilliod-Villa (heute Musée Ariana 44) gehörigen Geländes gegen Grundstücke am See getauscht. Auf dem Gebiet nördlich der Villa wurde 1946 der riesige **Palais des Nations** 43, die europäische UN-Zentrale und der Kern der „Internationalen Zone“, erbaut.

Rund **40 internationale Regierungs- und über 400 Nichtregierungsorganisationen** haben sich hier im Norden der Stadt rings um den riesigen Komplex der Vereinten Nationen angesiedelt, darunter die Konferenz der Vereinten Nationen über Handel und Entwicklung (UNCTAD), die Internationale Arbeitsorganisation (ILO), die Weltgesundheitsorganisati-

Die europäische UNO-Zentrale

on (WHO), das Hochkommissariat für Flüchtlinge (UNHCR) oder die World Meteorological Organization (WMO). Auch die Welthandelsorganisation (WTO) hat hier ihren Sitz, ebenso eine Reihe spezialisierter Organisationen für technische Normung und Urheberrechte wie die Internationale Organisation für Normung (ISO), die Internationale Fernmeldeunion (UIT) oder die Weltorganisation für geistiges Eigentum (WIPO).

New York ist die Zentrale, der Dreh- und Angelpunkt der Vereinten Nationen – auch der Sicherheitsrat (Security Council) als höchste Instanz der UNO tagt dort. Er besteht aus fünf ständigen – China, Russland, USA, Großbritannien und Frankreich – und zehn wechselnden Mitgliedern. Für Beschlüsse sind neun Ja-Stimmen nötig, dabei muss die Zustimmung aller fünf ständigen Mitglieder, die zugleich Vetorecht haben, erfolgen. Während der jährlichen Sitzungsperiode der zweiten wichtigen Instanz der Vereinten Nationen, der UN-Vollversammlung, von September bis Weihnachten in New York finden die Beratungen aller Gremien in sechs Sprachen (Englisch, Französisch, Spanisch, Russisch, Arabisch und Chinesisch) statt. Außerdem ist der UN-Generalsekretär, seit 2017 der Portugiese António Guterres, in New York zu Hause.

Genf – offiziell spricht man vom „United Nations Office at Geneva“ (UNOG) – ist der zweite Hauptsitz der UNO und Sitz vieler Unterorganisationen wie dem Menschenrechtsrat oder dem Hochkomissariat für Menschenrechte. Für die vielen Nichtregierungsorganisationen ist Genf sogar **der günstigere Standort**, da die Einreisebestimmungen der Schweiz liberaler sind als jene der USA. So finden hier zahlreiche Sitzungen und Vorberatungen der unterschiedlichen Gremien der UN-Abteilungen statt.

Die Finanzierung der UNO gliedert sich in **drei Budgets:** das *Regular Budget* für die Aufrechterhaltung des Betriebs, das *Peacekeeping Budget* für den weltweiten Einsatz von Blauhelm-Truppen und das *Program Bud-*

Ein Highlight im Palais des Nations 43*: der Salle des Conseils*

029ge Abb.: mb

get für Programme von UNESCO oder UNICEF.

Wenig beachtet wird das wichtigste und „fleißigste“ UNO-Organ, der Wirtschafts- und Sozialrat (ECOSOC). Weitere wichtige Abteilungen sind die World Health Organization (WHO), das Office of the High Commissioner for Refugees (UNHCR), die International Labor Organization (ILO) und das International Committee of the Red Cross and Red Crescent (ICRC) sowie das Joint United Nations Programme on HIV/AIDS (UNAIDS). Diese bedeutenden UN-Organisationen sind allesamt in Genf zu Hause, ebenso das mit dem Friedensnobelpreis ausgezeichnete Intergovernmental Panel on Climate Change (kurz IPCC), der **UN-Klimarat**, der regelmäßig einen international beachteten Klimareport veröffentlicht und auf die globalen Dimensionen des Klimawandels eindringlich hinweist.

› Weitere **Infos im Internet:** www.ungeneva.org bzw. www.un.org

Comics und Graffiti: Bunte Kunst in Genf

Comicszene in Genf

Dank berühmter Helden wie Tintin oder Spirou ist Belgien als Comic-Hochburg ebenso weltbekannt wie die USA mit Figuren à la Superman, Snoopy, Charlie Brown oder Mickey Mouse & Co. Japans Mangas sind seit einiger Zeit in aller Munde, Deutschland erfreut sich einer regen Comicszene – doch die Schweiz?

Gerade in Genf gibt es eine Tradition an Comiczeichnern, die Szene ist innovativ und lebhaft. Bande dessinée, kurz „BD“ oder auch „bédé“, werden hier die Comicstrips genannt, jene Bildfolgen, die ursprünglich in die Ecke „Kinder- und Jugendunterhaltung“ geschoben wurden, in zunehmendem Maße jedoch als künstlerisches Ausdrucksmittel und als Teil der Literatur anerkannt werden.

Als „Vater“ der Genfer und Schweizer Szene gilt Rodolphe Toepffer (1799–1846), Sohn eines Malers, der ein großes Œeuvre hinterließ, ob-

☐ *Comicfans kommen in Genf voll auf ihre Kosten*

158ge Abb.: mb

wohl er nur 47 Jahre alt wurde. Außer seinen Comicbänden sind Essays, zwei Romane und Balladen überliefert, berühmt wurde er durch Alben wie „Les Amours de monsieur Vieux-Bois" (1837), „Histoire de monsieur Jabot" (1833), „Histoire d'Albert" (1845). Diese gezeichneten Kurzgeschichten gelten mit ihren knappen Strichen und kurzen Texten als Vorläufer der heutigen Comics.

Leider ging die Tradition Toepffers aufgrund der Importe aus Belgien und USA allmählich verloren. Erst in den 1970er-Jahren betraten wieder Zeichner wie Gérald Poussin, Daniel Ceppi, Pascal Habegger (genannt „Ab'Aigre") oder „Exem" die Bühne. Der 1946 in Carouge geborene Poussin kam vom Trickfilm und brachte dann Comicbände heraus. Bekannt wurden „Les aventures de Buddy et Flappo" (1983), doch er machte sich auch als Buchillustrator, Maler, Bildhauer und Designer von (u. a. Swatch-) Uhren und Kostümen bekannt. Zuletzt wurde er als Graffitikünstler gefeiert, der sich u. a. am Genfer Flughafen verewigte.

Ceppi wurde mit Serien wie „Stéphane Clément, chroniques d'un voyageur" und „Confidentiel" bekannt. Magische Motive und exotische Schauplätze sind Kennzeichen der „bédé" von Ab'Aigre. Emmanuel Excoffier hingegen, kurz „Exem", begann seine Karriere 1983 mit Postern, ehe er sich durch Cartoons wie „Zinzin, Maître du Monde", einer Parodie auf die Tim-und-Struppi-Serie, berühmt wurde.

Derzeit angesagte Zeichner aus Genf sind z. B. „Buche" (Eric Buchschacher), Tom Tirabosco, Albertine, Frederik Peeter, Pierre Wasem alias Wazem oder Zep (Philippe Chappuis, geboren 1968 in Onex und berühmt geworden mit „Titeuf", den Abenteuern eines verschmitzten Jungen), die vielfach zugleich in Werbung und Trickfilm tätig sind. Verlage wie Atrabile, Drozophile oder B.ü.L.b. veröffentlich(t)en ihre Alben und verbreite(te)n sie in aller Welt. Ein besonderer Tipp für Comic-Freunde ist das IBIS Styles Hotel in Carouge, wo jedes Stockwerk von einem Genfer Comiczeichner gestaltet wurde (s. S. 128). Infos im Internet:

- Comicmagazine: Nebelspalter www.nebelspalter.ch
- Plattform für die Westschweizer Comicszene: www.papiers-gras.com
- Eine Auswahl an Comic-Geschäften findet sich im Kapitel Bücher und Musik (s. S. 83).

Murals und Street-Art

Graffiti in Genf? Ja: Wenn auch bis dato wenig bekannt, hat sich die UNO-Hauptstadt auch einen Namen in der „Sprayerszene" gemacht.

Was Zep für die Comics ist, das ist **Tones** für die Genfer Street-Art. Der Genfer „Meistersprayer" ist ein bekannter Name in aller Welt, sein Kürzel findet sich nicht nur auf Genfer Wänden, sondern an vielen Orten. Tony, so sein Vorname, hat kambodschanische Eltern, die in der Schweiz studierten. Neben Comics nennt er die kalligrafische Handschrift seines Vaters als prägend für seinen Stil. Der 1982 in Genf geborene Tones begann vor über 20 Jahren die typische Karriere eines Graffiti-Künstlers. Am Anfang standen „Tags", spontane, stilisierte Unterschriften. Dabei ging Tony bei einem alten Hasen der Szene, dem Genfer **ReyOne**, der in der Graffiti-Hochburg New York gelebt hat, in die Lehre. Der Austausch mit den Stars der New Yorker Graffiti-Szene hat auch Tones beeinflusst, der seinen Stil als „fun" und „funky" bezeichnet: für ihn ein Mittel, um positive Energien in die grauen Straßen zu bringen.

Wer sich beim Bummel durch Genf, speziell durch die unten genannten Viertel, die **Wandbilder** näher ansieht, wird immer wieder auf die Tones-Signatur stoßen, aber auch erkennen, wie groß die Vielfalt der Street-Art ist. Zwei Quartiere stechen heraus: zum einen **Les Grottes** (s. S. 40), das Viertel gleich hinter dem Bahnhof. Bei Künstlern und Intellektuellen seit Langem beliebt, hat es sich zu einem Hotspot der alternativen Szene gemausert. Das zweite Zentrum ist das Quartier **La Jonction** 42. An Zweckbauten wie einem Klärwerk und in Unterführungen an Rhône und Arve sowie um den Pointe de la Jonction finden sich zahlreiche Wandbilder. Das Aushängeschild ist seit 2021 das sechs Stockwerke hohe Mural der afrikanischen Künstlerin Karabo Poppy Moletsane an der Hauswand eines Wohnhauses.

Zu den bekannten Künstlern aus Genf zählen neben Tones und ReyOne Sprayer wie **Jaz** oder **Serval**, aber auch Künstlerkollektive wie **MerlynOne** oder die **EDK Crew.** Seit Tones' Anfängen vor über 20 Jahren hat sich die Street-Art-Szene verändert, ist salonfähig geworden und

160ge Abb.: mb

161ge Abb.: mb

162ge Abb.: mb

Oben: Mural in Les Grottes – Tones hat sich hier verewigt

Mitte: Ausschnitt aus einem Wandbild von Seika in Les Grottes

Wandmalerei an der Arcade aux Grottes

163ge Abb.: mb

sogar in Museen eingezogen. Künstler erhalten Aufträge von Markenfirmen, von offiziellen Einrichtungen oder Hausbesitzern und veranstalten Workshops. Stilistisch wird alles geboten – von Schriftzügen über bekannte Comicfiguren bis zu politisch brisanten Themen. Mit **Desstres** gibt es zudem eine **Non-Profit-Organisation,** die sich für Graffiti und Street-Art einsetzt. Aktionen und Events sollen der breiten Öffentlichkeit das Schaffen der „Street-Artists" näher bringen und eine legale Basis für ihr Schaffen bilden.

⊡ *Das Wandbild der Südafrikanerin Karabo Poppy Moletsane ist mehrere Stockwerke hoch*

Sehenswerte Murals in Les Grottes

Um die Place de Montbrillant [J7], hinter dem Bahnhof, finden sich mehrere Beispiele: **Pinta Cura** von Frédéric Post ist eine beleuchtete Installation an zwei Hauswänden, am gleichen Haus befindet sich **L'Arcade des Grottes.** Der davor geparkte Bus „Cartouche de Cornavin" ist ebenso fantasievoll bemalt wie die Wände um das Café La Petite Reine.

Sehenswerte Murals in La Jonction

An der Kreuzung Quai Ernest-Ansermet [H10]/Rue des Deux-Ponts [H9] befindet sich eines der Highlights: das **Wandbild von Karabo Poppy Moletsane** an der Wand eines Wohnblocks Richtung Pont de Saint-George. Von hier geht es über die Pont de Saint-George und an deren Ende durch eine **Fußgängerunterführung** mit zahlreichen Murals. Folgt man anschließend der Route des Péniches am Fuß des Bois de la Bâtie, reihen sich weitere Wandbilder aneinander. Durch den Park erreicht man – vorbei am Café de la Tour (s. S. 48) – den Viaduc de la Jonction [E9]. Die Eisenbahnbrücke mit Fußweg bietet nicht nur einen tollen Blick auf die berühmte „Jonction", die Mündung der Arle in die Rhône, hier liegt auch die **Station de Pompage des Eaux Usage.** Die Kläranlage ist reichlich mit Wandbildern geschmückt, darunter auch Werke bekannter Künstler. Ein Fußweg folgt von hier dem Rhône-Ufer Richtung Zentrum bzw. führt zur Pont de Sous-Terre. Auch dort sind im Rad- und Fußwegtunnel unter der Brücke Street-Art-Werke zu entdecken.

› www.mynameistones.com
› www.desstres.ch
› Street-Art-Touren: www.taxibike.ch/de/urban-arts-tour

PRAKTISCHE REISETIPPS

131ge Abb.: mb

An- und Rückreise

Mit dem Auto

Die für die Schweiz nötige **Autobahnvignette** kostet 39 € oder CHF 40. Sie ist im Vorfeld beim ADAC erhältlich und es gibt sie in Poststellen, an Tankstellen oder beim Schweizer Automobilclub TCS.

Die Schweizer Autobahn A1 führt von der Grenzstadt St. Margrethen am Bodensee durch die Zentralschweiz (Zürich/Bern) und Lausanne nach Genf. Von Basel erreicht man die A1 über die A3, von Schaffhausen über die A4 und von Kreuzlingen über die A7.

Mit der Bahn

Mehrere ICE- und EC-Linien verbinden Deutschland und die Schweiz. Mit dem Sparpreis Europa kommt man zu bestimmten Zeiten bzw. Konditionen schon ab 22,90 € nach Genf. Daneben werden diverse andere **Specials** angeboten und es gibt Nachtzüge (Infos unter www.bahn.de bzw. www.nightjet.com).

Die Schweizer Bahnen SBB (www.sbb.ch) bieten ebenfalls eine breite Palette an günstigen Spezialtickets an (www.swiss-pass.ch), z. B. den **Swiss Travel Pass** (für unterschiedliche Dauer zwischen 3 und 15 Tagen), den **Swiss Travel Pass Flex** (für eine bestimmte Zahl von Reisetagen pro Monat). Kinder unter 16 Jahre in Begleitung eines Elternteils fahren gratis, ansonsten fallen 50 % des Preises an.

Der kleine **Genfer Hauptbahnhof**, der **Gare de Cornavin** [J7] (www.sbb.ch/de/bahnhof-services/bahnhoefe/bahnhof-genf.html), liegt zentral in der Innenstadt und ist Knotenpunkt zahlreicher Busse und Trambahnen (www.tpg.ch).

› Informationen zum Swiss Travel System gibt es auf www.swiss-pass.ch/de und kostenfrei unter Tel. 00800 10020029.

Mit dem Flugzeug

Der **Genève Aéroport (GVA)** liegt ca. 5 km im Nordwesten der Stadt [B/C2] im Stadtteil Cointrin. Er ist mit öffentlichen Verkehrsmitteln **gut an die Innenstadt angebunden:** Die Buslinien 5 und 10 (kostenlose Unireso- Tickets an Automaten in der Gepäckausgabehalle) und Bahnen fahren zum Gare de Cornavin, die Züge etwa alle 8–15 Min. von ca. 5.30–0.20 Uhr, die Busse alle 5 bis 10 Min. von ca. 5 Uhr bis 0.40 Uhr. Außerdem gibt es Gratis-Shuttlebusse, die von der Ankunfts-Ebene zu verschiedenen Hotels in Flughafennähe fahren. Eine Taxifahrt vom Flughafen zum Zentrum kostet zwischen CHF 35 und CHF 45.

Genf wird z. B. von easyJet (www.easyjet.com) und der Lufthansa (www.lufthansa.com) nonstop bedient. Swiss (www.swiss.com) fliegt z. B. ab Frankfurt, München und Wien, häufig mit Stopover in Zürich. Wien ist auch durch Austrian Airlines an Genf angebunden (www.austrian.com).

Infos für Touristen gibt es am Informationsschalter in der Ankunftshalle nach der Zollkontrolle.

› www.gva.ch

◁ *Vorseite: Genf, die Stadt der Uhren – hier eine Sonnenuhr an der Promenade Rive Gauche (s. S. 31)*

▷ *Hier geht's lang ...*

Autofahren

Genf mit dem eigenen Pkw anzufahren, ist ohne große Probleme möglich. Ab der Grenze bei Basel sind es noch etwa 250 km oder zweieinhalb bis drei Stunden Autobahnfahrt bis Genf. Allerdings ist in der Stadt selber aufgrund des gut ausgebauten Nahverkehrs- und Bahnnetzes und der **großstadttypischen Verkehrsprobleme** (Staus, wenig Parkplätze usw.) ein eigenes Auto, auch ein Mietwagen, eher unnötig.

Eine **Autobahnvignette** für die Schweiz kostet CHF 40 und es gibt sie beim ADAC, Poststellen, an Tankstellen oder beim Automobilclub TCS. Die **Benzinpreise** in der Schweiz liegen zumeist etwas unter dem deutschen Preisniveau.

Im Unterschied zu anderen Schweizer Städten ist die **Fahrweise in Genf eher südländisch.** Hupen und dichtes Auffahren, unkontrollierte Spurwechsel, Parken auf zweiter Spur und Ähnliches sind üblich und in der Innenstadt von Genf ist das Autofahren daher nicht eben ein Vergnügen. Straßen- und Verkehrsschilder sind zudem alle auf Französisch gehalten.

Mietwagen können am Flughafen und bei den bekannten internationalen Mietwagenfirmen, z. B. bei AVIS (Rue de Lausanne 44, Tel. 022 7319000) oder Hertz (Rue de Berne 60, Tel. 022 7163080), geliehen werden. Wer einen **Strafzettel** erhalten hat, kann das Bußgeld per Einzahlungsschein bei einer Bank oder online begleichen.

175ge Abb.: mb

Unter www.bussgeldkatalog.org/schweiz findet man weitere Infos. Wer seinen Strafzettel verliert (oder ignoriert), wird angeschrieben.

Tempolimit

- **innerorts:** 50 km/h, 30 km/h in Wohngebieten
- **außerorts:** 80 km/h
- **Autobahnen:** 120 km/h

Wichtige Telefonnummern

- **Pannenhilfe/ Straßenservice TCS:** Tel. 140
- Informationen zum **Straßenzustand** (Sperrungen, Umleitungen, Schneefälle usw.): Tel. 163

Parken

Verstöße sind teuer (ab CHF 40), daher ist es besser, eines der rund um die Uhr geöffneten **Parkhäuser** im Stadtzentrum (4 Std. Parken ca. CH 15, es gibt ein Parkleitsystem) anzufahren, z. B.:

P170 [J6] **Cornavin,** Rue de Montbrillant 36–40
P171 [K9] **Mont-Blanc,** Pont du Mont-Blanc
P172 [H8] **Seujet,** Quai du Seujet
› Weitere Infos unter: www.geneve.com/fr/deja-sur-place

Auf Straßen ist in weiß markierten Zonen Parken zeitlich unbeschränkt möglich, in blauen Zonen darf man Mo.–Sa. maximal 60 Minuten mit Parkscheibe bzw. Parkschein stehen, Parkhäuser sind dank des Parkleitsystems leicht zu finden. In Innenstadthotels muss man fürs Parken mit CHF 20–40 pro Aufenthaltstag rechnen.

Barrierefreies Reisen

Genf ist zwar noch lange nicht komplett barrierefrei, doch es wird einiges getan. Bei der Vorbereitung der Reise helfen folgende Websites weiter:

› www.myswitzerland.com/de-de/planung/transport-aufenthalt/reisen-mit-behinderung
› www.geneve.ch/en/public/handicapped-people
› www.wheelchair.ch/fra/gares/gares.html. Infos zur Zugänglichkeit von Zügen, Bahnhöfen und öffentlichem Nahverkehr (Ausflugsschiffe usw.).
› www.sbb.ch/de/fahrplan/reisehinweise/reisende-mit-handicap.html

Diplomatische Vertretungen

› **Ständige Vertretung der Bundesrepublik Deutschland bei den Vereinten Nationen in Genf,** Chemin du Petit-Saconnex 28, Tel. 022 7301111, https://genf.diplo.de
› **Honorarkonsul der Bundesrepublik Deutschland,** Rue de Moillebeau 49, Tel. 022 7346606, www.deutscher-honorarkonsul-genf.ch
› **Österreichisches Honorarkonsulat,** Rue des Cordiers 14, Tel. 022 3111785, www.bmeia.gv.at

Ein- und Ausreisebestimmungen

Die Schweiz gehört zwar nicht zur EU, es besteht jedoch für deutsche und österreichische Staatsangehörige **keine Visumpflicht.** Es gibt zwar Grenzkontrollen, doch für die Einreise aus westeuropäischen Ländern genügt ein Personalausweis. Ein Reisepass ist nur bei Einreise aus osteuropäischen Ländern und Übersee nötig.

Lebensmittel sind bei der **Einfuhr in die Schweiz** grundsätzlich zollpflichtig. Geringe Freimengen sind zum zollfreien Import erlaubt (pro Person ab 17 Jahren): 5 l Alkohol unter 18 %, 1 l über 18 % sowie 250 Zigaretten/Zigarren bzw. 250 g Tabak, zudem Privatwaren bis zu einem Gesamtwert von CHF 300 pro Person.

Für die Einfuhr **aus der Schweiz nach Deutschland oder Österreich** gelten **Freigrenzen für zollfreien Import** (pro Person ab 17 Jahren): 2 l Alkohol unter 22 %, 1 l über 22 % sowie 200 Zigaretten oder 50 Zigarren bzw. 250 g Tabak, zudem Privatwaren bis zu einem Gesamtwert von 300 €.

Hunde und Katzen müssen gegen Tollwut geimpft sein (Nachweis durch Attest vom Tierarzt, mind. 30 Tage, max. 12 Monate vor Grenzübertritt). Gewisse Hunderassen sind meldepflichtig.

› www.bazg.admin.ch/bazg/de/home/information-private/reisen-und-einkau

fen--freimengen-und-wertfreigrenze.html (Einfuhr Schweiz)
- www.zoll.de/DE/Privatpersonen/Reisen/Rueckkehr-aus-einem-Nicht-EU-Staat/rueckkehr-aus-einem-nicht-eu-staat_node.html

Elektrizität

Die Spannung in der Schweiz beträgt wie in Deutschland 230V, die Frequenz 50Hz.

Es werden zweipolige (Typ C) und dreipolige (TYP J) Stecker verwendet. Längliche, flache Euro-Stecker (Typ C) sind mit der Schweizer Steckdose kompatibel.

Geldfragen

Währung und Kreditkarten

Der **Schweizer Franken** gilt als **eine der stabilsten Währungen der Welt.** Die offizielle Abkürzung ist CHF, nach der lateinischen Bezeichnung für das Land (Confederatio Helvetica), doch auch „Sfr" oder „Fr." sind gängig.

Es gibt **Banknoten** zu CHF 1000, 200, 100, 50, 20, 10. Die alten Scheine mit verschiedenen Porträts wurden zwischen 2016 und 2019 nach und nach durch Geldscheine mit Symbolen ersetzt.

Münzen haben die Nennwerte CHF 5, 2, 1 und ½ sowie 20, 10 und 5 Rappen. Alle Münzen außer dem 5-Rappen-Stück (Aluminiumbronze) bestehen aus Kupfernickel und zeigen entweder den Libertas-Kopf oder eine stehende Helvetia. Auf dem 5-Franken-Stück ist ein Alphirte dargestellt, der oft fälschlicherweise als Wilhelm Tell gedeutet wird. Die Landesbezeichnung ist auf allen Münzen mit „Confederatio Helvetica" oder mit „Helvetia" angegeben.

Kreditkarten werden in größeren Läden und besseren Restaurants, Hotels und sonstigen Einrichtungen akzeptiert, vielfach werden auch Euro angenommen – allerdings zu ungünstigeren Tauschkursen. An

Genf preiswert

- Der **Geneva City Pass** umfasst freie Museumseintritte und freie Nutzung des ÖPNV sowie Rabatte bei Touren und Schifffahrten, bei Aktivitäten etc. Es gibt ihn für 1, 2 oder 3 Tage zu CHF 30, 40 und 50 in den Besucherinfostellen. Infos: www.geneve.com/de/staedtetrip-planen/geneva-city-pass.
- **Geneva Transport Card:** Automatisch zur Hotelübernachtung gibt es eine Karte für die Gratisnutzung des Nahverkehrs für die gesamte Aufenthaltsdauer und alle Verkehrsmittel der Stadt, inklusive der Mouettes (Wassertaxis)! Am Flughafen gibt es Ticketautomaten für die Gratistickets zum Hotel. Infos: www.geneve.com/en/travel-trade/products-and-services.
- Eine **Fahrt mit einer Mouette** (Wassertaxi) über den See ist wesentlich preiswerter (oder sogar gratis mit der Geneva Transport Card), aber kaum weniger schön als eine Schiffsrundfahrt. Vor allem die längeren Routen der Linien M3 und M4 lohnen!
- Bei Genèveroule (s. S. 122) gibt es im Sommer **gratis Leihfahrräder**.
- Das Wasser der **öffentlichen Brunnen** ist von hoher Qualität und kann getrunken werden, hier kann man seine Trinkflaschen auffüllen.

vielen **Bankautomaten** können neben Schweizer Franken auch Euro direkt bezogen werden. Debitkarten wie **Maestro- und VPAY-Karte** werden fast überall akzeptiert.

Die **Gebühren** für das Abheben mit der Kreditkarte sind manchmal niedriger (meist 4 %) als mit der Girocard – am besten erkundigt man sich vorher bei der Hausbank.

Banken haben großteils Mo.–Fr. von 8.30 bis ca. 15.30 Uhr geöffnet, dazu gibt es rund um die Uhr zugängliche Geldautomaten. Ein **Geldwechsel** ist z. B. bei Crédit Suisse, Migros oder UBS, außerdem am Bahnhof oder Flughafen möglich.

Manche Geschäfte oder Restaurants akzeptieren auch Euro, geben aber Restsummen in CHF heraus.

Der Umrechnungskurs des Schweizer Franken lautet (Stand Herbst 2022, aktueller Tageskurs im Internet unter www.oanda.com):

- 1 € = 0,97 CHF
- CHF 1 = 1,04 €

Preise und Kosten

- **Lebensmittel:** Es gibt einige Spezialitäten, die in Genf empfehlenswert und in größerer Auswahl und besserer Qualität erhältlich sind, so z. B. Croissants (CHF 2,50–CHF 3), Baguette (CHF 3), lokaler Wein (Flasche ab ca. CHF 10 – Bier ist mit ca. CHF 8 für 0,5 l hingegen relativ teuer!), Käse, v. a. Gruyère, Vacherin oder Tomme (ab ca. CHF 2,50/100 g), Viande sechée/Bündnerfleisch (ca. CHF 8–10/100 g, am Stück preiswerter!), Sandwiches (ab ca. CHF 7) oder Mittagsteller *(plat du jour)* (ab ca. CHF 20, meist nur mittags).
- **Unterkunft:** ab 90 € (z. B. bei www.hotel.de) in der preiswertesten Kategorie bzw. ab etwa CHF 150 für ein DZ im Mittelklassehotel, auch Specials (www.geneve.com/en/plan-a-trip/where-to-stay).
- Die **Eintrittspreise** in Genf sind moderat. Die meisten städtisch betriebenen Museen verlangen kein oder ein selbst zu bemessendes Eintrittsgeld.
- **Nahverkehr:** Bei Hotelbuchung gibt es die Geneva Transport Card (s. S. 115), ein kostenloses Nahverkehrsticket, dazu. Wer nicht in einem Genfer Hotel nächtigt, fährt mit einem 24-Std.-Ticket (CHF 10, an Wochenenden für zwei Pers. gültig) bzw. mit einem Tagesticket (9–24 Uhr, CHF 8) günstig durch die Stadt.
- **Trinkgeld:** In der Schweiz ist es wie in Deutschland oder Österreich üblich, ca. 10 % Trinkgeld zu geben, wobei nicht genau auf den Rappen gerechnet, sondern gerundet wird, z. B. von 45 auf 50 oder von 65 auf 70 CHF.

Informationsquellen

Infostellen vor Ort

ⓘ173 [K8] **Genève Tourisme,** Quai du Mont-Blanc 2, direkt neben dem Ticketshop der CGN (s. S. 124) an der Anlegestelle, www.geneve.com, Tel. 0041 (0)22 9097000, Mo.–Mi., Fr., Sa. 9.15–17.45, Do. 10–17.45, So. 10–16 Uhr. Touren, Hotelvermittlung, Pläne, Broschüren.

ⓘ174 [L9] **Pavillon Touristique du Jardin Anglais,** Promenade du Lac (hinter dem Riesenrad), nur in den Sommermonaten Mo.–Sa. 9.15–17.45, Do. ab 10, So. 10–16 Uhr, Infostelle mit kleinem Shop und angrenzender Bar/Lounge

- Infostände am **Genève Aéroport,** 7–23 Uhr, Hotelreservierungen, Infos, Fahrkarten etc.
- Orange gekleidete **Geneva Tourist Angels** geben an touristisch frequentierten Stellen in der Stadt im Sommer ebenfalls Auskunft.

167ge Abb.: mb

Die Stadt im Internet

- **www.geneve.ch/de/public/touristen:** Seite der Kantonsverwaltung zu Stadt und Umgebung mit aktuellen Themen, Ereignissen und Veranstaltungen.
- **www.geneve.com:** Praktische Informationen zu allen touristischen Aspekten, auch Online-Hotelreservierung, Stadtplan, umfassender Veranstaltungskalender usw. Die wohl hilfreichste und aktuellste Website zu Genf von Genève Tourisme, mehrsprachig
- **https://leprogramme.ch:** Veranstaltungskalender mit Events aus den verschiedensten Bereichen, auch für Kinder

Bei Genève Tourisme bleibt keine Besucherfrage offen

Unsere Literaturtipps

- Joël Dicker ist der wohl berühmteste Autor aus Genf. Seine spannenden Bücher sind auch auf Deutsch erschienen: **Die Wahrheit über den Fall Harry Quebert** (Piper 2013), **Die Geschichte der Baltimores** (Piper 2017), **Das Verschwinden der Stephanie Mailer** (Piper 2020), **Das Geheimnis von Zimmer 622** (Piper, 2021) oder **Die letzten Tage unserer Väter** (Piper 2022).
- **Zep** (eigentl. Philippe Chappuis) ist der bekannteste Comic-Autor der Stadt. Lesenswert sind die Abenteuer von Titeuf, dem Genfer Lausbuben, aber auch die Einzelwerke wie „Happy Sex" (Editions Delcourt 2009, auf Deutsch Splitter-Verlag 2010)
- Eberhard Raetz, **Genfer See und die Romandie. Eine Reise durch die Westschweiz,** Info Verlag 2003. Reiselesebuch und Liebeserklärung an die Genferseeregion, das Erkundungen abseits touristischer Routen sowie Spaziergänge durch Genf, Montreux und Lausanne beinhaltet.
- Friedrich Glauser, **Der Tee der drei alten Damen,** u. a. Unionsverlag 2005. Der Krimi spielt in den Jahren 1930–1949 in Genf und handelt verfremdet von vier Genfer Persönlichkeiten.
- Zu den Legenden der Stadt gehört **Michel Viala** (1933–2013), der als Dichter, Schauspieler und Maler die Literatur, das Theater und Kino in der Romandie gleichermaßen prägte. Bei Bernard Campiche Éditeur gibt es Ausgaben seiner Werke (www.campiche.ch).
- Christiane Landgrebe, **Ich bin nicht käuflich. Das Leben des Jean-Jacques Rousseau,** Beltz 2004. Interessante Biografie über einen der einflussreichsten Philosophen der Neuzeit.

Genf-Apps

- **tpgPreview:** App der Genfer Verkehrsbetriebe mit Informationen zu Wartezeiten, Reisedauer und Verbindungen (kostenlos für Android und iOS)
- **Genève en poche:** Von der Ville de Genève erstellte Informationssammlung mit Lageplänen, Veranstaltungstipps u. v. m. (kostenlos für Android und iOS)
- **Genève en été:** App mit vielerlei Hinweisen zu Veranstaltungen (kostenlos für Android und iOS)
- **Urban Map:** Shopping und Kultur für Citybummler (nur für iOS)

Publikationen und Medien

Die Tageszeitung **Le Courrier** (https://lecourrier.ch) erschien erstmals am 5.1.1868 als katholisches Interessensorgan. Man betrachtet sich als unabhängig und kritisch. **Le Temps** (www.letemps.ch) ist die Tageszeitung für „La Suisse romande et francophone". Die **Tribune de Genève** (www.tdg.ch) ist attraktiv aufgemacht und bietet Infos zu Kultur, Veranstaltungen usw. sowie die Rubrik „English Corner" mit Nachrichten aus der Region in englischer Sprache. **Le Matin** (www.lematin.ch) mit Hauptsitz in Lausanne und Ableger in Genf gibt sich populär mit umfassendem Serviceteil.

Internationale (deutsche) Zeitungen und Zeitschriften gibt es an Kiosken, vor allem an den verbreiteten, großen Naville-Presse-Verkaufsständen, sowie am Bahnhof und im Flughafen in großer Auswahl.

Unter den **Gratiszeitungen**, die in Kästen an Bushaltestellen und Straßenecken ausliegen, ist die bekannteste **„20 minutes"**, die in Genf in französischer Sprache erscheint, aber auch auf Deutsch verfügbar ist (www.20min.ch).

Internet

Genf ist sehr gut mit **WLAN -Hotspots** ausgestattet. Zur Nutzung des Netzes „((o)) **ville-geneve**" ist die Anforderung eines Zugangscodes unter Angabe der eigenen Telefonnummer nötig. Per SMS erhält man den Zugangscode zugeschickt, der 6 Monate gültig ist. An den meisten zentralen Plätzen – z.B. Rade (s.S. 31), Parc La Perle du Lac (s.S. 87), Parc des Bastions 37, Place de la Madeleine, Parc de la Grange 21, Plaine de Plainpalais [I/J10], Parc des Eaux-Vives 21 oder Place du Bourg-de-Four 12 – kann gratis gesurft werden. Details zur Nutzung, eine Verteilungskarte und eine Liste als PDF gibt es unter

- www.geneve.ch/fr/themes/environnement-urbain-espaces-verts/acces/connecter

In den meisten **Hotels** ist der Internetzugang gratis, außerdem in vielen Cafés und Lokalen. Im **ÖPNV** steht WLAN zur Verfügung. Wie beim städtischen Netz muss man seine Mobilnummer angeben und mit dem erhaltenen Code den Zugang freischalten. Gleiches gilt für den Flughafen und den Bahnhof bzw. die Züge der SBB.

LGBT+

So wie die gesamte Schweiz **tolerant** gegenüber alternativen Lebensformen ist, herrscht auch in Genf eine liberale Atmosphäre.

Dialogai ist ein seit 1982 bestehender Zusammenschluss homosexueller Menschen. Der Verein gibt einen *Plan Gay de Genève* mit Treffs, Kneipen, Anlaufstellen etc. heraus.

175 [K7] **Dialogai,** Rue du Levant 5, Tel. 022 9064040, www.dialogai.org

Unter https://360.ch/gaymap/city/geneve findet man Treffs, Clubs und Hotels, die besonders von Homosexuellen frequentiert werden.

176 [J11] **Le Déclic Bar,** Bd du Pont d'Arve 28 (Plainpalais), Tel. 022 3205914, http://ledeclic.ch. Beliebter Danceclub für Schwule und Lesben, besteht seit 1988. Travestieshows (Fr.), Zauberer, Imitatoren, Karaoke u. a.

177 [M9] **Nathan,** Av. de Frontenex 34, www.swissgay.ch/nathan, tgl. 17–1 bzw. 2 Uhr. Gemütliches, lebhaftes Gay-Bistro, Do. und Sa. Acid Jazz und House.

Mit Kindern unterwegs

Genf hat für Kinder nicht nur Bootsfahrten mit Mouettes (s. S. 129), oder die Badeanstalt Bains des Pâquis 29 zu bieten, sondern auch Parks (teils mit Spielplätzen, wie z. B. an der Promenade de la Treille 6, oder Karussells) und interessante Museen:

178 [K9] **Franz Carl Weber,** Rue de la Croix-d'Or 12, www.fcw.ch. Der gigantische Spielwarenladen ist zweifellos ein Paradies für alle Kleinen.

› **Genève-Plage** 23. Bad am Seeufer mit Becken, Rutschen und anderen Vergnügungsmöglichkeiten. Gratis ist die Baby-Plage, Teil der Plage des Eaux-Vives 22.

› Fahrt mit der **Historischen Museumstrambahn.** April–Okt. an je einem Sonntag im Monat, www.agmt.ch (s. S. 129).

› **Jardin Botaniques** 31. Abgesehen von den Pflanzensammlungen gibt es einen kleinen Zoo sowie einen schönen Spielplatz.

179 [M8] **Les Corsaires,** Quai Gustave-Ador 33, www.lescorsaires.ch. **Tretbootverleih** an der Rive Gauche.

› **Maison Tavel** 7. Hier wird den jungen Besuchern gut dargelegt, wie man früher gelebt hat, dazu gibt es ein sehenswertes Stadtmodell.

180 [L9] **Minitrain-Touren (1),** ab Jardin Anglais, www.geneva-sightseeing-tour.ch. Verschiedene Routen, im Geneva City Pass (s. S. 115) gratis enthalten, auch

Lebensgroße Tiermodelle im Musée d'Histoire Naturelle (s. S. 64)

168ge Abb.: mb

deutschsprachig. Stadtrundfahrten in offenen Miniaturtrambahnen.

•181 [K8] **Minitrain-Touren (2),** Ticketstelle Quai du Mont-Blanc

› **Musée d'Histoire Naturelle de la Ville de Genève** (s. S. 64). Das größte naturwissenschaftliche Museum der Schweiz bietet eine Dinosaurierreplik, Dioramen u. v m. bei freiem Eintritt.

› **Site Archéologique de la Cathédrale Saint-Pierre** ⑩. Spannende Ausgrabungen unter der Kathedrale.

182 [J11] **Théâtre des Marionettes de Genève,** Rue Rodo 3, Tel. 022 8073107, www.marionnettes.ch. Das Marionettentheater existiert seit 1929.

Medizinische Versorgung

› **SOS Ärzteservice** (24 Std.), Tel. 022 7484950, www.sos-medecins.ch (Hausbesuche)

183 [K7] **Centre Médical du Léman,** Rue Dr. Alfred-Vincent 17, Tel. 022 7160660, www.cmleman.ch, Mo.–Fr. 8–18 Uhr (auch ohne Termin)

184 [K11] **Hôpitaux Universitaires de Genève (HUG),** Rue Gabrielle-Perret-Gentil 4, 022 3728120 (Notruf), www.hug-ge.ch. Teil davon ist auch die:

185 [K12] **Kinderklinik,** Av. de la Roseraie 47, Tel. 022 3824555

186 [J7] **Medbase Genève Gare Cornavin,** Pl. Cornavin 7, Tel. 022 8709595, www.medbase.ch/standorte/detail/medbase-geneve-gare-cornavin, Mo.–Fr. 8–18.30 Uhr. Im Bahnhof befindliches Gesundheitszentrum.

Zahnärzte

187 [I9] **CitySmile,** Bd. de Saint Georges 72, Tel. 022 7810810, https://citysmile.ch.

› **Schweizerische Zahnärzte-Gesellschaft (Vermittlung):** Tel. 022 7357311

Deutschsprachiger Arzt

188 [J8] **Dr. Dr. med. Stefan Hany,** Rue du Mont-Blanc 20, Tel. 022 7319540

Apotheken

189 [J7] **Amavita,** Gare Cornavin, tgl. 7–23, So. ab 9 Uhr, weitere Filialen über die Stadt verteilt

190 [K12] **Pharma24,** Bv. de la Cluse 38, Tel. 022 8080018, angeschlossen an die Uniklinik HUG (s. l.), rund um die Uhr geöffnet

169ge Abb.: mb

Notfälle

Notrufnummern

- **Notruf:** Tel. 112
- **Polizei:** Tel. 117
- **Feuerwehr:** Tel. 118
- **Pannen/Straßenhilfe:** Tel. 140
- **Ambulanz:** Tel. 144
- **Städtisches Fundamt (Service cantonal des objets trouvés),** Rue des Glacis-de-Rive 5, Tel. 022 5460900, www.ge.ch/en/lost-property, Mo.–Fr. 8–12, 13.30–16 Uhr, auch Fundstücke aus ÖPNV
- 191 [J7] **Polizeiwache Cornavin,** am Hbf., Passage de Montbrillant 6, Tel. 022 4276875, Mo.–Fr. mind. 8.30–17 Uhr
- 192 [K7] **Polizeiwache Pâquis,** Rue du Berne 6, Tel. 022 4276730, tgl. 24 Std.

Kartensperrung

Bei **Verlust der Debit/Giro-, Kredit- oder SIM-Karte** gibt es für Kartensperrungen eine **deutsche Zentralnummer** (unbedingt vor der Reise klären, ob die eigene Bank bzw. der jeweilige Mobilfunkanbieter diesem Notrufsystem angeschlossen ist). **Aber Achtung:** Mit der telefonischen Sperrung sind die Bezahlkarten zwar für die Bezahlung/Geldabhebung mit der PIN gesperrt, nicht jedoch für das **Lastschriftverfahren mit Unterschrift.** Man sollte daher auf jeden Fall den Verlust zusätzlich **bei der Polizei zur Anzeige bringen,** um gegebenenfalls auftretende Ansprüche zurückweisen zu können.

In **Österreich** und der **Schweiz** gibt es keine zentrale Sperrnummer, daher sollten sich Besitzer von in diesen Ländern ausgestellten Debit- oder Kreditkarten vor der Abreise bei ihrem Kreditinstitut über den zuständigen Sperrnotruf informieren.

Generell sollte man sich immer die **wichtigsten Daten** wie Kartennummer und Ausstellungsdatum **separat notieren,** da diese unter Umständen abgefragt werden.

- **Deutscher Sperrnotruf:** Tel. +49 116116 oder Tel. +49 3040504050
- **Weitere Infos:** www.kartensicherheit.de, www.sperr-notruf.de

Apotheken sind im ganzen Stadtgebiet leicht zu finden

Öffnungszeiten

Die **Ladenöffnungszeiten** in der Schweiz sind im Allgemeinen kürzer als in Deutschland, meist von 9 Uhr bis 18.30 oder 19 Uhr, donnerstags oft länger (bis 20 Uhr) und samstags nur bis 17 oder 18 Uhr. Kleinere Geschäfte haben manchmal am Montagvormittag oder sogar den ganzen Montag über geschlossen. **Große Kaufhäuser** und **Einkaufszentren** sind normalerweise Mo.–Mi. und Fr. 8.30/9–19, Do. bis 20/21 und Sa. 8.30/9–18 Uhr geöffnet. In den Sommermonaten Juli/August machen viele Shops Urlaub oder öffnen nur verkürzt. **Banken** haben Mo.–Fr. von 8.30 bis mind. 15.30 Uhr geöffnet.

Post

Postfilialen sind meist 8/9–12 und 14–18 Uhr geöffnet, Haupt- und Bahnhofspost ohne Mittagspause. Innerhalb Europas sind für einen Standardbrief (bzw. eine Karte) bis 20 g CHF 1,80 zu entrichten. In andere Länder sind es CHF 2,30.

- **Infos:** www.poste.ch

✉193 [K7] **Hôtel des Postes,** Rue du Mont-Blanc 18, Mo.–Fr. 8–18 Uhr, Sa. 9–16 Uhr. Das Hauptpostamt befindet sich in einem historischen Gebäude.

✉194 [J6] **Montbrillant,** hinter dem Bahnhof, Rue des Gares 16, werktags 9–19 Uhr (Mittagspause 12–14 Uhr), Sa. 9–11 Uhr

Radfahren

In der Schweiz fährt man nicht Fahrrad, sondern *velo*. Es gibt zwar in Genf ein knapp 80 km umfassendes **Fahrradwegenetz,** doch ist Radfahren in der Innenstadt aufgrund des Verkehrs und der Fahrweise von Radlern wie Autofahrern nicht immer ganz ungefährlich.

Der Rhône-Radweg bietet Sportlichen Touren von Genf aus: entweder Richtung Lausanne oder nach Evian-les-Bains (www.rhone-radweg.com).

Am Wochenende und an Ferientagen dürfen Räder im Nahverkehr zum vollen Tarif mitgenommen werden.

› Jeweils am ersten Samstag in den Monaten April bis September bietet „Samedi du velo" **Fahrradtouren** an (www.pro-velo-geneve.ch/samedis_du_velo_geneve).

Ein **Fahrradverleih** wird von Genève roule (www.geneveroule.ch) angeboten. Ende April–Ende Okt. können Räder gratis gegen Kaution an verschiedenen Stationen ausgeliehen werden. Für einen längeren Zeitraum kann man Räder z. B. hier leihen:

•195 [J7] **Genèveroule – Arcade Montbrillant,** Place de Montbrillant 17, Ende Apr.–Ende Okt. gratis, sonst CHF 14 Miete ganztags, geöffnet Apr.–Juni Mi., Fr., Sa., So. 9–19, Juli–März Di.–So. 9–19 Uhr, Stationen siehe: www.geneveroule.ch/fr/lieux-et-horaires

Sicherheit

Die Kriminalitätsstatistik von Genf ist rückläufig. Für Besucher ist Genf nicht gefährlicher als jede andere westeuropäische Großstadt. Wer die **üblichen Vorsichtsmaßnahmen** in Bezug auf Schmuck, Handtaschen, Geldbeutel und andere Wertgegenstände vor allem bei Massenaufläufen, Veranstaltungen, in öffentlichen Verkehrsmitteln usw. beachtet, ist auf der sicheren Seite. Natürlich ist es nicht ratsam, Wertgegenstände oder Handtaschen sichtbar im Auto liegen zu lassen.

Ist man bestohlen worden, muss Anzeige bei der Polizei erstattet (s. S. 121, „Notfälle"), ggf. auch im Konsulat vorgesprochen werden.

Sport und Erholung

Genf ist keine Stadt, in die man fährt, um intensiv Sport zu treiben. Genf ist zuallererst Shopping, weltmännischer Lebensgenuss und Erholung, vielleicht kombiniert mit etwas Wassersport, Wandern und Radfahren.

Alles zu den Genfer Parks, in denen es sich gut walken und joggen lässt, findet man unter „Genf zum Durchatmen" (s. S. 85).

Baden und Wellness

› Die **Bains des Pâquis** ㉙, tgl. mind. 10–Sonnenuntergang bzw. 21 Uhr (von Wetter und Jahreszeit abhängig), CHF 2, www.bains-des-paquis.ch, sind ideal für ein Bad im See. Zusätzlich Saunen, Hammam/türkisches Bad (CHF 20, im Sommer nur Hammam: CHF 10) und Massagen. Außerdem zugehöriges Restaurant Buvette (s. S. 67).

172ge Abb.: mb

⌃ *Bei Tropical Geneva können Wassersportgeräte aller Art ausgeliehen werden*

Wassersport

Wassersport auf dem Genfersee ist eher etwas für Wohlhabende bzw. Leute mit Beziehungen zu Bootsbesitzern und Jachtklubs. Wasserski, Segeln, und – auf Arve und Rhône – Kanu, Rafting und Fischen sind möglich. Ein Mega-Event ist die im August auf dem See ausgetragene **Segelregatta Bol d'Or Mirabaud.**

S196 [Q6] **Tropical Geneva,** Quai de Cologny 5–9, www.trop.ch, an der Genève-Plage. Hier können Boards aller Art ausgeliehen werden.

› **Kajak- und Kanu-Raftingtouren auf der Arve:** https://rafting-loisirs.ch, gratis mit Geneva City Pass (s. S. 115)

Sprache

Genf ist in vielerlei Hinsicht eine französische Stadt, auch was die Sprache angeht. **Französisch ist Amtssprache** und wird von drei Vierteln der Bevölkerung gesprochen, nur gut 5 % sprechen Deutsch bzw. Italienisch. Die internationale Umgangssprache ist **Englisch.** Man wird in Läden, auf Märkten oder in Museen selten mit Deutsch weiterkommen, eher schon in Hotels. Die Beschriftung auf Verkehrs- und sonstigen Hinweisschildern und in Museen ist auf Französisch, zusätzlich manchmal auf Englisch, nur selten auf Deutsch.

Bis ins 16. Jh. war in Genf noch das **Patois** – ein francoprovençaler Dialekt – verbreitet und auch heute noch sprechen die Genfer einen speziellen französischen Dialekt, das *Genevois.* Er weist Unterschiede zum Schulfranzösisch auf, z. B. bei regionalen Ausdrücken, veralteten Ausdrucksformen und Schweizer Fachausdrücken.

170ge Abb.: mb

Stadttouren

Touren zu Land

•**197** [K8] **Keytours,** Rue des Alpes 7, Tel. 022 7314140, www.keytours.ch. Stadttouren, auch kombiniert mit Bootsfahrt, sowie Ausflüge ins Umland.

Genève Tourisme bietet Sa. um 14 Uhr **geführte Altstadtrundgänge** (2 Std., CHF 25, engl., gratis mit Geneva City Pass) an. Es werden auch Rad- und andere Spezialtouren angeboten. Einige davon sind im Geneva City Pass enthalten (gratis oder rabattiert).

Infos zu Zeiten und Preisen gibt es in der Infostelle am Quai du Mont-Blanc (s. S. 116) oder unter:

› www.geneve.com/de/die-stadt-entdecken/tours-and-excursions/all-private-and-guided-tours
› **TukTuk Tours Geneva,** https://tuktuk-ge.ch. Mit einem Taxi-(E-)Bike in kleiner Gruppe z. B. in die Genfer Weinberge, zu lokalen Produzenten, außerdem z. B. Geneva Fondue, Schoko- oder Apéro-Tour im Taxibike (buchbar für Gruppen, rabattiert mit Geneva City Pass). Informationen auch bei Genève Tourisme (s. S. 116).

Touren zu Wasser

Außer den Schnellbooten, den *Mouettes,* die die Seeufer als „Wassertaxis" miteinander verbinden (s. S. 129), bieten verschiedene Gesellschaften reguläre **Schifffahrten** verschiedener Dauer, Thematik und Routen an, z. B:

•**198** [K8] **CGN,** Quai du Mont-Blanc, Tel. 0848 811848, www.cgn.ch. CGN bietet Rundfahrten wie die empfehlenswerte „Geneva Tour" (55 Min., CHF 19, gratis mit Geneva City Pass, s. S. 115) sowie Lunch- und Fondue-Sonderfahrten. Eine weitere Anlegestelle befindet sich am Jardin Anglais. Dabei kommen renovierte Raddampfer zum Einsatz – ein Erlebnis!

•**199** [L8] **Swissboat,** Quai du Mont-Blanc (vor dem Hotel Beau-Rivage), Tel. 022 7324747, https://swissboat.com. Unterschiedlich lange Seerundfahrten, z. B. die Mermaid's Cruise.

⌃ In den Minitrains (s. S. 119) können Jung und Alt die Stadt erkunden

› Mit historischen Dampfern über den See

171ge Abb.: mb

MEIN TIPP

Kulinarische Touren

Wer sich etwas Besonderes gönnen möchte, sollte eine kulinarische Tour von CGN unternehmen. Auf dem **historischen Raddampfer** Savoie gibt es z. B. mittags und abends zwei- bzw. dreistündige Rundfahrten mit verschiedenen Menüs. Besonders die Abendtour ist ein unvergessliches Erlebnis.

› www.cgn.ch/fr/croisieres.html

Mit dem **Geneva Choco Pass** (s. S. 79) kann man auf eigene Faust Chocolatiers in der Innenstadt aufsuchen und erhält dort neben Infos Kostproben.

Telefonieren

Die **Vorwahl Genfs lautet 022**, diese muss auch innerhalb der Stadt immer mitgewählt werden! Aus Deutschland oder Österreich muss die **Ländervorwahl 0041** vorausgeschickt werden, für Genf wäre es also dann folgende Kombination: (0041) 22 ... (ohne 0 vor der 22).

› **Schweizer Telefonauskunft:** Tel. 111

Für Telefonate aus der Schweiz ins Ausland lauten die Vorwahlen:

› nach Deutschland: 0049
› nach Österreich: 0043

Mobile Datenverbindungen können in der Schweiz, da außerhalb der EU, mit **hohen Kosten** verbunden sein. Man sollte sich daher vor der Reise bei seinem Netzbetreiber über evtl. günstigere Auslandsdatenpakete informieren oder zur Sicherheit die Mobile-Daten-Option deaktivieren und nur über kostenlose WLAN-Netze (s. S. 118) ins Internet gehen.

Unterkunft

In Genf ist das **Hotelangebot groß und breit gefächert**. Es gibt um die 130 Hotels, davon 15 Fünfsternehäuser, die sich vor allem entlang der Rhône bzw. am stadtnahen Seeufer aufreihen, z. B das Beau-Rivage 28 oder das Hotel d'Angleterre. Das **Preisniveau ist insgesamt eher hoch**, allerdings ist zumindest dank der Geneva Transport Card (s. S. 115) der Nahverkehr für Hotelgäste gratis.

Eine **Hotelreservierung** ist, da UNO u.a. Institutionen, aber auch Messen und Events ganzjährig Besucher anziehen, **dringend angeraten** und einfach über Genève Tourisme (s. S. 116) möglich. Das Tourismusamt hat auch relativ günstige Specials im Angebot, z. B. zwei Übernachtungen übers Wochenende mit Frühstück (www.geneve.com/de/staedtetrip-planen/spezialangebote). Es gibt aber auch zuweilen Tophotels zu Schnäppchenpreisen, wenn die Auslastung, vor allem am Wochenende, gering ist.

Günstigere Tarife sind meist zu Zeiten zu bekommen, in denen Geschäftsleute weniger zahlreich vertreten sind, d.h. in der Ferienzeit (Juli–Aug.) bzw. im Winter (Dez.–Feb.). Zur Hochsaison und bei Anreise mit dem Auto kann es sich für Sparsame lohnen, sich am waadtländischen Ufer oder auf französischer Seite am Südufer umzusehen. Auch im nördlich der Stadt nahe dem Flughafen gelegenen Ferney-Voltaire (Frankreich) lassen sich unter Umständen günstigere Unterkünfte finden. Der Ort ist mit dem Bus F ab dem Hauptbahnhof Gare de Cornavin (bis „Ferney-Mairie") gut an die Stadt Genf angebunden.

Preiskategorisierung der Unterkünfte

Ungefähre Preise für ein Doppelzimmer, meist ohne Frühstück, Schwankungen je nach Saison/Tag teils erheblich. Zum Preis kommt eine **Hotelsteuer** von CHF 3,75 pro Person und Nacht hinzu:

- **Luxus Pur:** über CHF 400
- **Gehobene Kategorie:** ca. CHF 300–400
- **Mittlere Kategorie:** ca. CHF 160–300
- **Preiswertere Kategorie:** unter CHF 160

Luxus Pur

28 [L7] **Beau-Rivage,** Quai du Mont-Blanc 13, www.beau-rivage.ch, Tel. 022 7166666. **Historischer Luxus in grandioser Lage:** geschichtsträchtiges Grandhotel von 1864 am See, noch heute in Familienbesitz, mit Luxusrestaurant Le Chat-Botté. Knapp 100 Zimmer.

Gehobene Kategorie

200 [N8] **Float Inn,** Quai Gustave Ador 54, Tel. 41 787975197, www.floatinn.swiss/de. **Das besondere Erlebnis:** Nächtigen auf dem Wasser, nahe dem Jet d'eau auf einer Jacht, auch solarbetriebene Boote.

201 [K8] **Hôtel d'Allèves,** Rue Kléberg 13, www.hoteldalleves.ch, Tel. 022 7321530. **Historisch mit modernem Touch:** 46 Zimmer verschiedener Kategorien in günstiger Lage und mit Restaurant.

202 [K6] **Hôtels Drake-Longchamp,** Rue Butini 7, Tel. 022 7164848, www.hdlge.ch. **Grandiose Seelage:** helle, ordentliche 156 Zimmer mit Minibar und Fernseher in modernem Gebäude nahe dem See und dem Palais Wilson, Frühstück inklusive.

› **l'Auberge d'Hermance** (s. S. 57). **Einzigartig und persönlich:** in Hermance, 14 km vom Stadtzentrum entfernt, am Südufer des Sees gelegen. Sieben luxuriöse Zimmer bzw. Suiten inkl. Frühstück, zugehöriges Gourmetrestaurant.

Mittlere Kategorie

203 [I14] **Auberge Communale,** Rue Ancienne 39, Carouge (Tram 12), Tel. 022 3380710, www.hotelcarouge.ch. **Ungewöhnliches Design in historischem Ambiente:** 14 individuell ausgestattete Zimmer inkl. Frühstück, außerdem Toplokal im Haus.

204 [K6] **Hôtel Auteuil,** Rue de Lausanne 33, Tel. 022 5442222, www.hotelauteuilgeneva.com. **Modern und gut ausgestattet in Seenähe:** 104 große geschmackvolle Zimmer, nahe am See. Teil der Manotel-Gruppe, die mehrere Hotels in Genf betreibt.

205 [I8] **Hotel de Genève,** Place Isaac Mercier 1, https://hotel-de-geneve.ch, Tel. 022 9085400. **Zentral gelegenes Stadthotel:** in historischem Gebäude mit 39 unterschiedlich gestalteten, meist kleinen Zimmern.

206 [I8] **Hôtel des Tourelles,** Boulevard James Fazy 2, Tel. 022 7324423, www.destourelles.ch. **Schlicht, gut und in günstiger Lage:** am Rhône-Ufer und fünf Minuten zu Fuß von Bahnhof und Zentrum entfernt gelegener Bau von 1889 mit 23 Gästezimmern (Kühlschrank, Frühstück). Unbedingt Zimmer nach hinten buchen!

207 [L7] **Hôtel Edelweiss Manotel,** Place de la Navigation 2, Tel. 022 5445151, www.hoteledelweissgeneva.com. **Gemütlichkeit im „Landhausstil":** in guter Lage nahe dem See, 42 geräumige, komfortabel ausgestattete Zimmer, dazu Restaurant mit Spezialitäten der Schweiz.

208 [K6] **Hotel Jade,** Rue Rothschild 55, Tel. 022 5443838, www.hoteljadegeneva.com. **LGBT-freundliches Boutiquehotel nach Feng-Shui-Kriterien:** 47 Zimmer, Bar und Restaurant. Günstige Extra-Angebote.

209 [J11] **Hôtel La Cour des Augustins,** Rue Jean-Violette 15, Tel. 022 3222100, www.lacourdesaugustins.com. **Designhotel in historischem Bau:** Boutiquehotel mitten im Stadtviertel Plainpalais mit moderner Einrichtung und Kunstwerken. Modern ausgestattete Zimmer und Suiten mit Küchenzeile, Innenhof (auch zum Frühstück), Fitness- und Wellnessbereich.

210 [L4] **Hôtel Mon-Repos,** Rue de Lausanne 131–133, Tel. 022 9093909, https://hotelmonrepos.ch. **Am grünen Seeufer:** In hervorragender Lage am See im gleichnamigen Park gelegen, bietet das Haus geschmackvoll und modern eingerichtete Zimmer mit allem Komfort.

Preiswertere Kategorie

211 [I10] **Hôtel Étoile,** Rue des Vieux-Grenadiers 17, Tel. 022 3287208. **Persönlich und gemütlich:** kleines Zweisternehotel im Stadtviertel Plainpalais (neben MAMCO) in einem historischen Wohnpalast.

212 [N10] **Hôtel Pax,** Rue du 31 Décembre 68, Tel. 022 7875070, www.hotel-pax-geneva.ch. **Gut und günstig:** eher schlicht, aber in zentraler Lage und nach hinten hinaus auch ruhig. 34 relativ günstige Zimmer inklusive Frühstücksbuffet.

213 [J7] **Hôtel Suisse,** Place de Cornavin 10, www.hotel-suisse.net, Tel. 022 7326630. **Modern im Herzen der Stadt:** nahe dem Bahnhof mit 62 kleinen, aber gut ausgestatteten Zimmern.

214 [I8] **Ibis Genève Centre Gare,** Rue Voltaire 10, Tel. 022 3382020, https://all.accor.com/hotel/2154/index.de.shtml. **Schlicht und modern:** Standardhotel in Bahnhofsnähe mit 65 Zimmern ohne Frühstück, rauchfrei.

215 [F7] **Meininger Hotel Genève Centre Charmilles,** Rue de Lyon 118, Tel. 022 5180349, www.meininger-hotels.com/de/hotels/genf/hotel-genf-zentrum charmilles. **Neues Budgethotel in guter Lage:** ideal für Familien und Gruppen, modern und gut ausgestattete Zimmer unterschiedlicher Typen.

216 [K8] **Torhôtel Genève,** Rue Ami-Lévrier 3, www.torhotel.com, Tel. 022 9098820. **Zentral und gut:** Zwischen dem Bahnhof und dem rechten Seeufer stehen 22 etwas kleine, dafür saubere und moderne Zimmer unterschiedlicher Kategorie, Größe und Preislage zur Verfügung. Ein kleines Frühstück wird aufs Zimmer gebracht.

Hostels – gut und günstig

217 [L6] **Auberge de Jeunesse,** Rue Rotschild 28–30 (Pâquis), Tel. 022 7326260, www.yh-geneva.ch. Über 300 Betten in Sälen (CHF 36) oder DZ (ab CHF 100), nur einen Katzensprung vom rechten Seeufer entfernt. Keine Altersbeschränkung und Frühstück inbegriffen.

218 [K6] **City Hostel Geneva,** Rue Ferrier 2 (Pâquis), Tel. 022 9011500, www.cityhostel.ch. Herberge mit Mehrbett-, Doppel- und Einzelzimmern, Bettwäsche und Handtücher inkl., Gemeinschaftsküche, Waschküche, Schließfächer, Internetzugang, Fernsehzimmer, Etagenduschen und -WCs. Ausschließlich Nichtraucherzimmer, kein Frühstück. Ab CHF 45 im 4-Bett-Zimmer, das DZ kostet mehr.

219 [K7] **Hotel Paquis,** Rue de Berne 31, Tel. 022 5529095, www.9-hotel-geneve-paquis.ch. **Kleines Boutiquehotel in Bahnhofsnähe:** mit 56 Zimmern verschiedener Typen, eher klein. Bar und Fitnessstudio mit kleinem Pool.

Weitere preiswerte Herbergen, auch B&Bs und Apartments, finden sich unter

› www.geneve.com/de/staedtetrip-planen/where-to-stay.

Bed and Breakfast

› **Ferme Pittet,** in Russin (Weinort), Chemin de la Croix de Plomb 34, Tel. 079 4798538, www.lafermeenchantee.ch. **Im Grünen und ideal für Familien:** Schön im Weingebiet gelegenes großes Bauernhaus, in dem neun Gästezimmer preiswert vermietet werden. Per Zug ist Genf in 20 Min. erreichbar.

› **Le Jour & La Nuit,** Av. du Mervelet 8, Tel. 79 214 7387, https://lejouretlanuit-bnb.com/en. **Persönlich und hübsch-klein:** Zwei Zimmer, eine Suite, ein Gästehaus, inkl. Frühstück, Gästeküche und Garten. Nahe zum Flughafen gelegen.

MEIN TIPP

Ibis Styles Hotel in Carouge

Jedes Stockwerk dieses **Comic-Hotels** in Carouge ist einem anderen berühmten lokalen Comiczeichner gewidmet. In der großen Lobby gibt es eine Comic-Bibliothek, außerdem eine gut sortierte Bar und einen Frühstücksraum mit Terrasse, viele Sitzgelegenheiten für Gäste und alles in lustiger, ausgefallener Ausstattung. Die Zimmer – mit zwei Einzelbetten oder einem Doppelbett – sind gut und zweckmäßig ausgestattet, Frühstücksbüfett (je nach Buchung teils inklusive) mit lokalen Delikatessen. Vor dem Haus befindet sich eine Tram-Station (10 Min. in die Genfer Altstadt).

220 [I15] **Ibis Styles Carouge,** Rte de Saint Julien 3, Carouge, Tel. 022 5448600, https://all.accor.com/hotel/6863/index.de.shtml

128ge Abb.: mb

Verkehrsmittel

Der **öffentliche Nahverkehr** wird von Unireso (Region) bzw. TPG (Genf) betrieben und umfasst v.a. die **Nahverkehrszüge** der SBB/CFF bis nach Frankreich sowie **Trams** (Tramways Genevois) und **Busse** im Stadtgebiet und im ganzen Kanton. Derzeit gibt es neben sechs Trolley-Buslinien (2, 3, 6, 7, 10 – ab Flughafen – und 19) fünf Straßenbahnlinien: Nr. 12 (Palettes – Moillesulaz, über Carouge), Nr. 14 (P+R Bernex – Meyrin-Gravière), Nr. 15 (Palettes – Nations), Nr. 17 (Lancy-Pont-Rouge-Gare – Annemasse-Parc Montesuit/FR) sowie Nr. 18 (CERN – Carouge, Bachet-de-Pasey). Übrigens: Die Tram 12 – seit 1862 in Betrieb – gilt als älteste immer noch aktive Linie der Welt.

Tickets (www.tpg.ch/fr/tarifs-titres-de-transport) sind erhältlich an Automaten an Bahnhöfen/Haltestellen und kosten einzeln CHF 3 (Kurzzone CHF 2) bzw. für 24 Std. CHF 10 (an Wochenenden für zwei Personen gültig). Ein Tagesticket (gültig ab 9 Uhr) kostet CHF 8.

› www.unireso.com bzw. www.tpg.ch

Der **Léman Express** (LEX) ist die seit Ende 2019 betriebene binationale S-Bahn, die Genf mit Frankreich verbindet. Vom Bahnhof Cornevin in Genf führt die zentrale Strecke über Eaux-Vives nach Annemasse in Frankreich. Insgesamt gibt es sechs Linien (L1 bis L6). Mit 230 km Länge und 45 Bahnhöfen handelt es sich um Europas größtes grenzüberschreitendes S-Bahnnetz. Von Genf aus geht es nach Coppet, Bellegarde, Annemasse, Evian-les-Bains, La Roche-sur-Foron, Saint Gervais-les-Bains-Le Fayet und Annecy.

› www.lemanexpress.ch/de

Geneva Transport Card

Jeder Besucher erhält beim Einchecken im Hotel oder zuvor digital automatisch eine solche Karte zur kostenlosen Nutzung des städtischen Nahverkehrs für die gesamte Aufenthaltsdauer.

Mein Tipp

Fahrt mit der Museums-Straßenbahn

Die Association Genevoise du Musée des Tramways (AGMT) betreibt eine historische Tram durch Genf: Von Mai bis Oktober fährt die Straßenbahn einmal im Monat sonntags zwischen Carouge, Plainpalais, Gare de Cornavin und Place des Nations. Infos unter www.agmt.ch, Rundfahrt (90 Min.) für CHF 6, Tageskarte für CHF 10.

Die Trams sind ein ideales Fortbewegungsmittel und bieten zugleich eine Möglichkeit zum Sightseeing

174ge Abb.: mb

173ge Abb.: mb

Es gibt **Wassertaxis,** sogenannte **Mouettes Genevoises,** die auf vier Routen den Genfersee kreuzen. Haupthaltestelle ist „Genève/Port du Mouettes“ südlich des Bains des Pâquis (29) auf Höhe der Rue Adhémar Fabri. Fahrten mit Mouettes sind in der Geneva Transport Card enthalten, kosten sonst CHF 2 pro Fahrt bzw. CHF 3 für 1 Std. **Mouettes-Linien** im Detail:

- **M1:** Pâquis – Molard (nahe Place du Molard) – Pâquis (alle 10 Min.)
- **M2:** Pâquis – Eaux-Vives (Quai G. Ador, östlich vom Jardin anglais (18)) – Pâquis (alle 10 Min.)
- **M3:** Pâquis – Port Noir/Genève-Plage (23) (nahe Parc des Eaux-Vives und Cologny) – Pâquis (alle 30 Min.)
- **M4:** De-Chateaubriand (Parc Mon Repos (30)) – Port Noir/Genève-Plage (23) (alle 30 Min.)
- www.mouettesgenevoises.ch

- **Taxigebühren** (Stand Herbst 2022): CHF 6,30 Grundgebühr, CHF 3,20/km von 6.30–20.30 Uhr, nachts und an Feiertagen CHF 3,80/km, Aufschläge für Zusatzgepäck und mehr als vier Passagiere, Flughafenfahrt ca. CHF 35–45.
- **Taxizentrale:** Tel. 022 3314133, https://taxi-phone.ch

Wetter und Reisezeit

Genf liegt 374 m über dem Meeresspiegel. Im Norden erstreckt sich die Bergkette des Jura, im Süden und Osten liegen die Alpen. Selbst im Winter **halten sich die Niederschläge in Grenzen,** Schnee ist (trotz Nähe zum Mont Blanc) weitgehend unbekannt und die durchschnittlichen Temperaturen bewegen sich um angenehme 10 °C. Lediglich *la bise* – ein trockener, kalter Wind aus Nordost, der durch Alpen und Jura im Genfer Raum kanalisiert wird – kann unangenehm werden.

Im Sommer sind die Temperaturen durchwegs **mediterran-angenehm,** es ist nicht zu heiß bei Durchschnittstemperaturen um etwa 23 °C.

Wassertaxis – Mouettes – sind wohl das ungewöhnlichste Verkehrsmittel in Genf

Durchschnitt	Wetter in Genf											
Maximale Temperatur	5°	7°	12°	16°	20°	24°	27°	26°	21°	16°	9°	6°
Minimale Temperatur	−1°	−1°	2°	5°	9°	13°	15°	14°	11°	7°	3°	0°
Regentage	10	8	8	9	10	9	8	8	8	10	10	10
	Jan	Febr	März	Apr	Mai	Juni	Juli	Aug	Sept	Okt	Nov	Dez

006ge Abb.: mb

Kleine Sprachhilfe

Die folgenden Wörter und Redewendungen wurden dem Reisesprachführer „Französisch – Wort für Wort" (Kauderwelsch-Band 40) aus dem REISE KNOW-HOW Verlag entnommen. In der Romandie bzw. *Suisse romande* (französischsprachige Schweiz) weicht jedoch der Sprachgebrauch teilweise vom französischen ab, z.B. was die Zahlen ab siebzig angeht.

Lautschrift

Hier sind diejenigen Lautschriftzeichen aufgeführt, deren Aussprache abweichend vom Deutschen ist bzw. sein kann.

sh	stimmhaftes „sch" wie das zweite „g" in „Garage"
s	stimmhaftes „s" wie in „Rose"
ß	stimmloses „s" wie in „Bus"
e	langes „e" wie in „Tee"
ö	unbetont wie auslautendes „e" in „Hose"
ã	nasaliertes „a" wie in „Abonnement"
ẽ	nasalierter „ä"/"ö"-Laut wie in „Mannequin"
õ	nasaliertes „o" wie in „Beton"

Häufig gebrauchte Wörter und Redewendungen

oui	(ui)	ja
non	(nõ)	nein
merci	(märßi)	danke
s'il vous plaît	(ßilwu plä)	bitte
Salut!	(ßalü)	Hallo!
Salut!	(ßalü)	Tschüss!
Bonjour!	(bõshur)	Guten Tag!
Bonsoir!	(bõßoar)	Guten Abend!
Au revoir!	(oh röwoar)	Auf Wiedersehen!
Pardon! / Excusez-moi!	(pardõ / äxküse-moa)	Entschuldigung!
hier	(jär)	gestern
aujourd'hui	(oshurdüi)	heute
demain	(dömẽ)	morgen
après demain	(aprä dömẽ)	übermorgen
le matin	(lö matẽ)	morgens
à midi	(a midi)	mittags
l'après-midi	(laprä midi)	nachmittags
le soir	(lö ßoar)	abends
la nuit	(la nüi)	nachts
tous les jour	(tu le shur)	täglich
avant	(awã)	früher
plus tard	(plü tar)	später
maintenant	(mẽtõnã)	jetzt
tôt	(toh)	bald

Zahlen

1	(ẽ, ün)	*un, une*
2	(dö)	*deux*
3	(troa)	*trois*
4	(katr)	*quatre*
5	(ßẽk)	*cinq*
6	(ßiß)	*six*
7	(ßät)	*sept*
8	(üit)	*huit*
9	(nöf)	*neuf*
10	(diß)	*dix*
11	(õs)	*onze*
12	(dus)	*douze*
13	(träs)	*treize*
14	(kators)	*quatorze*
15	(kẽs)	*quinze*
16	(säs)	*seize*
17	(dißät)	*dix-sept*
18	(dißüit)	*dix-huit*
19	(dißnöf)	*dix-neuf*
20	(wẽ)	*vingt*
30	(trãt)	*trente*
40	(karãt)	*quarante*
50	(ßẽkãt)	*cinquante*
60	(ßwaßãt)	*soixante*
70	(ßätãt)	*septante*
80	(üitãt)	*huitante*
90	(nonãt)	*nonante*
100	(ßõ)	*cent*

+++ Die wichtigsten Wörter mit dem Bonus-Audiotrack des Kauderwelsch-

Die wichtigsten Fragewörter

qui?	(ki)	wer?	*comment?*	(komẽ)	wie?
quoi?	(qua)	was?	*combien?*	(kõbiẽ)	wie viel?
où?	(u)	wo?	*quand?*	(kã)	wann?
d'où?	(du)	woher?	*depuis quand?*	(döpüi kã)	seit wann?
où?	(u)	wohin?	*combien de temps?*	(kõbiẽ dö tã)	wie lange?
pourquoi?	(purqua)	warum?			

Die wichtigsten Richtungsangaben

à droite	(a droat)	rechts / nach rechts	*proche / près d'ici*	(prosch / prä dißi)	nah
à gauche	(a gohsch)	links / nach links	*loin*	(loẽ)	weit
			de retour	(dö rötur)	zurück
tout droit	(tu droa)	geradeaus	*carrefour*	(karfur)	Kreuzung
en face	(ã faß)	gegenüber	*feu*	(fö)	Ampel
ici	(ißi)	hier	*au coin*	(o koẽ)	um die Ecke
là	(la)	dort	*au centre*	(o ßãtr)	im Zentrum
juste ici	(shüst ißi)	gleich hier	*dehors de la ville*	(döor dö la wil)	außerhalb der Stadt

Die wichtigsten Floskeln und Redewendungen

Soyez le bienvenu! / Soyez la bienvenue!	(ßoaje lö/ la biẽwönü)	Herzlich willkommen! (m/w)
Comment allez-vous?	(komãtalewu?)	Wie geht es Ihnen?
Ça va?	(ßa wa?)	Wie geht's?
Ça va.	(ßa wa?)	Danke, gut.
Bonne chance!	(bõn schãß)	Viel Erfolg!
Je ne sais pas.	(shö nö ßä pa)	Ich weiß nicht.
Bon appétit!	(bõ apeti)	Guten Appetit!
A votre santé!	(a wotr ßãte)	Zum Wohl!
L'addition, s'il vous plaît!	(ladißjõ, ßilwuplä)	Die Rechnung bitte!
Félicitations!	(felißitaßjõ)	Glückwunsch!
Dommage!	(dohmash)	Schade!
Je suis désolé.	(shö ßüi desole)	Es tut mir sehr leid!
Est-ce qu'il y a ...?	(äß kilja ...)	Gibt es ...?
Est-ce que vous-avez ...?	(äß kö wusawe ...)	Haben Sie ...?
J'ai besoin de ...	(shä bösõ dö ...)	Ich brauche ...
S'il vous plaît, donnez-moi ...	(ßllwuplä, done-moa ...)	Geben Sie mir bitte ...
Où est-ce qu'on peut acheter ...?	(u äß kõ pö aschte ...)	Wo kann man ... kaufen?
Combien coûte ...?	(kõbiẽ kut ...)	Wie viel kostet ...?
Je cherche ...	(shö schärsch ...)	Ich suche ...
Où est ...?	(u ä ...?)	Wo ist ...?
Où se trouve ...?	(u ßö truw ...?)	Wo befindet sich ...?
Je veux aller à ...	(shö wö ale a ...)	Ich möchte nach ...

Pourriez-vous m'emmener à ...?	(purie wu mãmöne a?)	Können Sie mich zu/nach ... bringen?
Aidez-moi, s'il vous plaît!	(äde-moa, ßilwuplä)	Helfen Sie mir bitte!
A quelle heure?	(a käl-ör?)	Um wie viel Uhr?
Vous permettez?	(wu pärmäte?)	Gestatten Sie?

Nichts verstanden? – Weiterlernen!

Je parle seulement un peu.	(shö parl ßölmã e˜ pö)	Ich spreche nur ein bisschen.
Comment?	(komã?)	Wie bitte?
Je n'ai pas/ rien compris.	(shö nä pa/ rie˜ kõpri)	Ich habe nicht/ nichts verstanden.
Est-ce que quelqu'un parle anglais?	(äß-kö kälke˜ parl ãglä?)	Spricht hier jemand Englisch?
Comment traduit-on ... en français?	(komã tradüitõ ... ã frãßä?)	Was heißt ... auf Französisch?
Comment prononce-t-on ce mot?	komã pronõßtõ (ßö moh?)	Wie spricht man dieses Wort aus?
Répétez, s'il vous plaît!	(repete, ßilwuplä)	Wiederholen Sie bitte!
Parlez plus lentement, s'il vous plaît!	(parle plü lãtmã, ßilwuplä)	Sprechen Sie bitte langsamer!
Pourriez-vous me l'écrire, s'il vous plaît?	(purie-wu mö lekrir, ßilwuplä?)	Können Sie mir das bitte aufschreiben?

Wochentage

lundi	(lẽdi)	Montag
mardi	(mardi)	Dienstag
mercredi	(märkrödi)	Mittwoch
jeudi	(shödi)	Donnerstag
vendredi	(wẽdrödi)	Freitag
samedi	(ßamdi)	Samstag
dimanche	(dimãsch)	Sonntag

Jahreszeiten

le printemps	(prẽtã)	Frühling
en printemps	(ã prẽtã)	im Frühling
l'été	(ete)	Sommer
en été	(ãn-ete)	im Sommer
l'automne	(ohton)	Herbst
l'hiver	(iwär)	Winter
la saison	(ßäsõ)	Jahreszeit

Monate

janvier	(shãwie)	Januar
février	(fewrie)	Februar
mars	(marß)	März
avril	(awril)	April
mai	(mä)	Mai
juin	(shüẽ)	Juni
juillet	(shüijä)	Juli
aôut	(ut)	August
septembre	(septẽbr)	September
octobre	(oktobr)	Oktober
novembre	(nowẽbr)	November
décembre	(deßẽbr)	Dezember

Impressum

Margit Brinke, Peter Kränzle

CityTrip Genf

7., neu bearbeitete und aktualisierte Auflage 2023

ISBN 978-3-8317-3610-2

Printed in Germany

Druck und Bindung:
mediaprint solutions GmbH, Paderborn

Herausgeber: Klaus Werner
Layout: amundo media GmbH (Umschlag, Inhalt), Peter Rump (Umschlag)
Lektorat: amundo media GmbH
Karten: Ingenieurbüro B. Spachmüller, amundo media GmbH
Anzeigenvertrieb: KV Kommunalverlag GmbH & Co. KG, Alte Landstraße 23, 85521 Ottobrunn, Tel. 089 928096-0, info@kommunal-verlag.de
Kontakt: Osnabrücker Str. 79, 33649 Bielefeld, info@reise-know-how.de

Alle Angaben in diesem Buch sind gewissenhaft geprüft. Preise, Öffnungszeiten usw. können sich jedoch schnell ändern. Für eventuelle Fehler übernehmen Verlag wie Autoren keine Haftung.

Bildnachweis

Umschlagvorderseite: ©Samuel B., stock.adobe.com | Umschlagrückseite: ©V. ZHURAVLEV, stock.adobe.com
Umschlagklappe rechts: Margit Brinke
Soweit ihre Namen nicht vollständig am Bild vermerkt sind, stehen die Kürzel an den Abbildungen für die folgenden Fotografen, Firmen und Einrichtungen. Margit Brinke: mb | Genève Tourisme (www.geneve.com): gt

Register

A
Alabama-Saal 19
Altstadt 15
Ancien Arsenal 19
Anreise 112
Apotheke 120
Apps 118
Archäologische Ausgrabungen 23
Arzt 120
Auditoire Calvin 23
Autofahren 113
Autosalon, Genfer 88

B
Baden 122
Bahn 112
Bains des Pâquis 37
Balkon von Genf 87
Banken 104, 116
Barrierefreies Reisen 114
Bars 72
Basilique de Notre-Dame 40
Beau-Rivage 36
Bed and Breakfast 128
Behinderte 114
Bettensteuer 126
Bistros 70
Blumenuhr 31
Bol d'Or 88
Botanischer Garten 39
Botschaften 114
Boutiquen 81
Buchhandlungen 83
Bus 129

C
Cafés 70
Calvin, Jean 24
Carouge 53
  Einkaufen 84
  Gastronomie 71
  Nachtleben 74
Cathédrale Saint-Pierre 21
CERN 60
Chocolatiers 81
Collège Calvin 26
Cologny 56
Comics 107
Confiserien 81
Conservatoire de Musique 43
Conservatoire et Jardin Botanique 39
Course de l'Escalade 90

D
Debitkarte 121
Diplomatische Vertretungen 114
Dunant, Henri 52

E
Eaux-Vives 34
EC-Karte 121
Église Russe 28
Église St.-Germain 15
Einkaufen 76
Einreise-bestimmungen 114
Elektrizität 115
Escalade 90
Espace Ami Lullin 63
Essen 65
Events 88

F
Fahrradverleih 122
Feiertage 89
Festival Archipel 88
Festivals 88
Fête de la Musique 88
Fête de l'Escalade 90
Fête des Vendanges 89
Fête Nationale Suisse 88
Flohmarkt 83
Flughafen 112
Fondation Baur 28
Fondation Martin Bodmer 56, 63
Franken, Schweizer 115
Französisch 123, 132
Fremden-verkehrsamt 116
Fußballstadion 54

G
Galerien 65
Gallatin, Albert 16
Gärten 85
Gastronomie 65
Gaststätten 67
Geld 115
Generali Genève Marathon 88
Geneva Choco Pass 79
Geneva City Pass 63
Geneva Transport Card 129
Genève Aéroport 112
Genève Marathon 88
Genève-Plage 34
Genfer Abkommen 53
Genfersee 93
Geschichte 97
Geschwindigkeits-beschränkungen 113
Getränke 65
Girocard 121
Grand Théâtre 42
Gratiszeitungen 118
Grütli 41

H
Handy 144
Haupteinkaufs-straßen 76
Henri Dunant 52
Hermance 57
Historie 97
Holzbank 20
Homosexuelle 118
Horloge Fleurie 31
Hostels 128
Hôtel Beau-Rivage 36
Hôtel de Ville 17
Hotels 125
Hotelsteuer 126

I
Île Rousseau 13
Informationsstellen 116
Internet 117, 118

J
Jardin anglais 31
Jardin Botanique 39
Jean-Jacques Rousseau 18
Jet d'eau 31
Jeûne genevois 89
Jonction 47

K
Kanton Genf 101
Kartensperrung 121
Käse 80
Kathedrale 21
Kaufhäuser 80
Kinder 119
Kino 76
Klima 93, 130
Klimaschutz 102
Konservatorium 43
Konsulate 114
Konzerte 75
Krankenhaus 120
Kreditkarte 115, 121
Küche, Genfer 65
Kunstgalerien 65
Kunsthandwerk 83, 104

L
La Bâtie 88
Lac Lémans 93
La Halle de Rive 83
La Jonction 47
L'Auditoire Calvin 23
Le Bol d'Or Mirabaud 34
Léman Express 129
Lesben 118
Les Grottes 40
Les Pâquis 35
Les Schtroumpfs 40
Leuchtturm 37
LGBT+ 118
L'Île 14
Literaturtipps 117
Lokale 67

M
Maestro-Karte 116, 121
MAH 27
Mairie des Eaux-Vives 34
Maison Rousseau et Littérature 17
Maison Tavel 20
MAMCO 46
Marathon 88
Märkte 54, 82
Medizinische Versorgung 120
Messen 88
Mietwagen 113
Minitrain 119
Mont Salève 87
Monument Brunswick 36
Monument National 31
Mouettes (Wassertaxis) 130
MRL 17
Murals 108
Mur des Réformateurs 43
Musée Ariana 51
Musée d'Art et d'Histoire 27
Musée d'Art Moderne et Contemporain 46
Musée de Carouge 64
Musée des Arts d'Extrême-Orient 63
Musée d'Histoire des Sciences 64
Musée d'Histoire Naturelle 35, 64
Musée du Vieux Plainpalais 64
Musée International de la Croix-Rouge et du Croissant-Rouge 51
Musée International de la Réforme 25
Museen 62
Musée Rath 43
Musées Barbier-Mueller 21
Musée Tatiana Zoubov 15
Museums-Straßenbahn 129
Musikhandlungen 83
Musikkneipen 73

N
Nachhaltigkeit 102
Nachtleben 72
Nahverkehr, öffentlicher 129
Nichtregierungsorganisationen (NGOs) 105
Nightclubs 74
Notfall 121
Notruf 121

O
Öffnungszeiten 77, 121
Oper 42

P
Palais de Justice 26
Palais des Nations 49
Palais Wilson 105
Parc Baton 38
Parc des Bastions 43
Parc Eaux-Vives 32
Parc La Grange 32
Parc Mon Repos 38
Parken 113
Parks 85
Patek Philippe Museum 46
Pierres du Niton 32
Place de la Fusterie 29
Place du Bourg-de-Four 25
Place du Marché 53
Place du Molard 30
Place Neuve 41
Place Rond Point de Plainpalais 46
Plage des Eaux-Vives 33
Plaine de Plainpalais 45
Plainpalais 45

Plat du jour 67
Politik 101
Polizei 121
Port des Mouettes 37
Post 121
Prädestinationslehre 24
Preisniveau 116, 125
Preistipps 115
Promenade de la Treille 20
Promenaden 85
Promenade Saint-Antoine 26
Publikationen 118

Q
Quartier des Grottes 40
Quartier des Tranchées 28

R
Rade 31
Radfahren 122
Rathaus 17
Rauchen 71
Reformation 24
Reformationsmauer 43
Reisezeit 130
Restaurants 67
Rhône 92
Rive Droite 9, 35
Rive Gauche 31
Rotes Kreuz 52
Rousseau, Jean-Jacques 18
Rue de la Madeleine 30
Rues Basses 29, 77
Rundgang 12

S
Saint-Gervais 40
Salève 87
Salon international de l'Automobile 88
Schifffahrten 124
Schmuckgeschäfte 81
Schoggi 78
Schokolade 78
Schweizer Franken 115
Schwule 118
Segelregatta 88
Shopping 76
Shoppingcenter 80
Sicherheit 122
Sissi 36
Sité Archéologique 23
Souvenirs 81
Spartipps 76, 115
Speisen 65
Sperrnummer 121
Spezialitätengeschäfte 82
Sport 122
Sprache 123, 132
Staatsphilosophie 18
Stade de Genève 54
Stadtgeschichte 20
Stadtmodell 21
Stadtspaziergang 12
Stadtteile 95
Stadttouren 124
Stadtviertel 95
Stecker 115
Strafzettel 113
Strandbad 33, 34, 48
Street-Art 108
Stromspannung 115
Supermärkte 80
Synagoge Beth-Yaacov 41
Szeneviertel 72

T
Tageszeitungen 118
Taxi 130
Teilchenbeschleuniger 60
Telefonieren 125
Temple de l'Auditoire 23
Temple Saint-Gervais 40
Ticketverkauf 117
Tour de l'Île 14
Tourismus 104
Touristeninformation 116
TPG 129
Tram 129
Tretbootverleih 119
Trinken 65
Trinkgeld 116
Trinkwasser 103, 115
Turm der Kathedrale 22

U
Uhrengeschäfte 81
Uhrenherstellung 104
Uhrenmuseum 46
Unireso 129
Universität 45
UN-Klimarat 107
UNO 49, 105
Unterkunft 125

V
Vegetarier 69
Veranstaltungen 88
Veranstaltungskalender 73
Vereinte Nationen 49, 105
Verkehrsmittel 129
Victoria-Hall 41
Vieille Ville 15
Vignette 112
Völkerbund 105
Vorwahl 4, 125
VPAY 116, 121

W
Währung 115
Wappen 96
Wasser 115
Wasserfontäne 31
Wassersport 123
Wassertaxis 130
Wasserwerk 14
Weihnachtsmarkt 89
Weinbau 58
Weinfeste 59
Weinregion Genf 58
Wetter 130
Wirtschaft 104
WLAN 118, 125

Z
Zirkus Knie 88
Zone Internationale 49
Zug 112

Liste der Karteneinträge

1 [K8] Île Rousseau S. 13
2 [J8] L'Île S. 14
3 [J9] Musée Tatiana Zoubov S. 15
4 [K9] Maison Rousseau et Littérature – MRL S. 17
5 [K9] L'Hôtel de Ville – Rathaus S. 17
6 [K10] Promenade de la Treille S. 20
7 [K9] Maison Tavel S. 20
8 [K9] Musée Barbier-Mueller S. 21
9 [K9] Cathédrale Saint-Pierre S. 21
10 [K9] Site Archéologique S. 23
11 [K9] Musée International de la Réforme S. 25
12 [K10] Place du Bourg-de-Four S. 25
13 [L10] MAH – Musée d'Art et d'Histoire S. 27
14 [L10] Quartier des Tranchées S. 28
15 [K9] Place de la Fusterie S. 29
16 [K9] Place du Molard S. 30
17 [K9] Rue de la Madeleine S. 30
18 [L9] Jardin anglais S. 31
19 [M8] Jet d'eau S. 31
20 [L8] Pierres du Niton S. 32
21 [O8] Parcs La Grange und Eaux-Vives S. 32
22 [N8] Plage des Eaux-Vives S. 33
23 [P6] Genève-Plage S. 34
24 [M9] Eaux-Vives S. 34
25 [M10] Musée d'Histoire Naturelle S. 35
26 [K7] Les Pâquis S. 35
27 [K8] Monument Brunswick S. 36
28 [L7] Hôtel Beau-Rivage S. 36
29 [M7] Bains des Pâquis S. 37
30 [L5] Parc Mon Repos und Parc Barton S. 38
31 [K4] Conservatoire et Jardin Botanique S. 39
32 [J8] Saint-Gervais S. 40
33 [I7] Quartier des Grottes (Les Schtroumpfs) S. 40
34 [J9] Victoria-Hall und Grütli S. 41
35 [J9] Grand Théâtre S. 42
36 [J9] Musée Rath S. 43
37 [K10] Parc des Bastions und Mur des Réformateurs S. 43
38 [J10] Place Rond Point de Plainpalais S. 46
39 [I10] Musée d'Art Moderne et Contemporain – MAMCO S. 46
40 [I10] Patek Philippe Museum S. 46
41 [I10] MEG – Musée d'Ethnographie de Genève S. 47
42 [G10] La Jonction S. 47
43 [J3] Palais des Nations S. 49
44 [I3] Musée Ariana S. 51
45 [I3] Musée international de la Croix-Rouge et du Croissant-Rouge S. 51
46 [I13] Carouge S. 53
47 [G15] EM-Stadion Stade de Genève S. 54
48 [R6/7] Cologny S. 56

1 [K9] Librairie Bernard Letu S. 21
2 [K9] L'Auditoire Calvin S. 23
3 [K9] Restaurant Les Amures S. 25
4 [J8] Galerie Papier Gras S. 14
5 [J8] Bongo Joe S. 14
6 [K9] Créperie Le Rozzel S. 15
7 [K9] Le Jardin d'Eden S. 15
8 [K9] Au Roi Ubu S. 15
9 [K9] 22 grand'rue S. 15
10 [L9] Mirror Bar/ MET Rooftop Lounge S. 30
11 [J9] Café du Grütli S. 42
12 [I9] Cimetière de Plainpalais S. 46
13 [F10] Café de la Tour S. 48
14 [I3] Restaurant Vieux-Bois S. 50
15 [H11] Patinoire des Vernets S. 55
16 [G3] Salle du Pommier S. 55
17 [R6] Le Lion d'Or S. 57
20 [H8] Bibliothèque de Genève/ Musée Voltaire S. 63
21 [K10] Espace Ami Lullin S. 63
22 [L10] Fondation Baur – Musée des Arts d'Extrême-Orient S. 63
23 [R6] Fondation Martin Bodmer S. 63

24 [L5] Musée d'Histoire des Sciences S. 64
25 [M10] Musée d'Histoire Naturelle S. 64
26 [I13] Musée de Carouge S. 64
27 [J11] Musée du Vieux Plainpalais S. 64
28 [J9] Centre de la Photographie S. 65
29 [K9] Galerie Grand-Rue S. 65
30 [J8] Halle Nord S. 65
31 [K7] Bistrot du Boeuf Rouge S. 67
32 [K9] Brasserie Lipp S. 67
33 [K9] Brasserie-Restaurant de l'Hôtel-de-Ville S. 67
34 [L7] Buvette des Bains des Pâquis S. 67
35 [K9] Café Papon S. 68
36 [K10] Chez ma Cousine S. 68
37 [J8] Grand Central Food Halles S. 68
38 [L5] La Perle du Lac S. 68
39 [K8] Madame Sum S. 68
40 [O8] Restaurant-Hôtel du Parc des Eaux-Vives S. 68
41 [L7] Edelweiss S. 69
42 [J10] Holy Cow Gourmet Burger Co. (1) S. 69
43 [J7] Holy Cow Gourmet Burger Co. (2) S. 69
44 [K7] L'Entrecôte Couronnée S. 69
45 [K9] Le Perron S. 69
46 [I11] Levantine S. 69
47 [I11] Lucha Libre Genève S. 69
48 [K7] Café Art's S. 69
49 [I9] Café de la Presse/ Le Réservoir S. 69
50 [J11] Les Recyclables S. 69
51 [H7] Aux Deux Portes S. 69
52 [J14] EnVie Vegan S. 69
53 [M9] Mango Deck S. 69
54 [K9] Taverne de la Madeleine S. 69
55 [I10] Brasserie de la Radio S. 70
56 [I10] Café du Lys S. 70
57 [J9] Café Lyrique S. 70
58 [I10] Café Metis Bar-Restaurant S. 70
59 [J10] Cafe-Librairie Livresse S. 70
60 [J9] Kiosque des Bastions S. 70
61 [K10] La Clémence S. 70
62 [K9] Martel Chocolatier (1) S. 71
63 [H14] Patisserie-Boulangerie Philippe Taillé S. 71
64 [L9] Potinière S. 71
65 [L7] Qafé Guidoline S. 71
66 [I9] Remor S. 71
67 [I10] Gelatomania (1) S. 70
68 [N8] Gelatomania (2) S. 70
69 [K7] Gelatomania (3) S. 70
70 [J13] Gelatomania (4) S. 70
71 [N8] Tout Simplement S. 71
72 [I14] Au Vieux Carouge S. 71
73 [I13] Café Equinoxe S. 71
74 [I14] L'Ècorce S. 71
75 [I13] Le Café des Négociants S. 71
76 [J14] Le Flacon S. 71
77 [I13] Le P'tit Carougeois S. 71
78 [J13] Al Mercato S. 71
79 [I14] Brasserie La Bourse S. 71
80 [I14] Café d'Aigle S. 71
81 [K9] Spring Cigars S. 71
82 [K9] Brasserie du Molard/ Lord Nelson Pub S. 72
83 [M8] Buvette du Bateau S. 73
84 [K10] Demi Lune Café S. 73
85 [I10] L'Eléphant dans la Canette S. 73
86 [I8] La Barje de Lavandières S. 73
87 [J8] Le Bateau-Lavoir S. 73
88 [I10] Le Kraken Bar S. 73
89 [M9] Soleil Rouge S. 73
90 [K7] AMR/Sud des Alpes S. 73
91 [J8] Arthur's rivegauche S. 73
92 [I9] Café Cuba S. 74
93 [I9] L'Usine S. 74
94 [H9] La Jonquille S. 74
95 [J11] Les 4 coins S. 74
96 [I9] Santa Cruz S. 74
97 [N9] Tom Beers S. 74
98 [L7] Fenomeno S. 74
99 [L9 La Coupole S. 74
100 [K9] Le Baroque S. 74
101 [H9] Palladium S. 74
102 [J13] Au Chat Noir S. 74

103 [G10] La Graviere S. 74
104 [G13] Motel Campo S. 74
105 [I13] Théâtre des Amis S. 75
106 [K9] Alhambra S. 75
107 [I8] Bâtiment des Forces-Motrices (BFM) S. 75
108 [J11] Casino Théâtre S. 75
109 [J10] Comédie de Genève S. 75
110 [J9] Conservatoire de Musique S. 75
111 [K9] POCHE / GVE S. 75
112 [K9] Salle Centrale Madeleine (scm) S. 76
113 [J9] Théâtre du Grütli S. 76
114 [G10] Théâtre du Loup S. 76
115 [J11] Théâtre Pitoëff S. 76
116 [D5] Balexert Shopping Center S. 80
117 [K9] Bongénie Grieder S. 80
118 [K9] Confédération Centre S. 80
119 [K9] COOP City S. 80
120 [J8] Canonica Chocolaterie S. 79
121 [L9] La Bonbonnière S. 79
122 [K8] Sweetzerland Chocolatier S. 79
123 [L9] Zeller Chocolatier S. 79
124 [L7] COOP Pâquis S. 80
125 [K9] Globus Genève S. 80
126 [J8] Manor S. 80
127 [J7] Metro Shopping Cornavin S. 80
128 [F7] Planète Charmilles S. 80
129 [J9] Coup de Chapeau S. 81
130 [L9] Bucherer S. 81
131 [J8] Cadhor S. 81
132 [J8] Franck Muller (1) S. 81
133 [L7] Franck Muller (2) S. 81
134 [K9] Gübelin S. 81
135 [L9] Rolex Chrono-Time S. 81
136 [K9] Swatch (1) S. 81
137 [J7] Swatch (2) S. 81
138 [K10] Caran d'Ache S. 81
139 [K9] Couteaux Fontaine S. 81
140 [L9] Davidoff S. 81
141 [K9] Molard Souvenirs S. 81
142 [K9] Victorinox S. 81
143 [L9] Auer Chocolatier S. 81
144 [J8] Boutique Favarger S. 82
145 [M9] Chocolaterie Stettler & Castrischer S. 82
146 [K9] Chocolats Rohr (1) S. 82
147 [L9] Du Rhône Chocolatier S. 82
148 [J9] Gilles Desplanches S. 82
149 [J9] Teuscher Confiserie S. 82
150 [J7] Drinks of the World S. 82
151 [K9] Grande Boucherie du Molard S. 82
152 [K10] Olivier&Co S. 82
153 [L9] La Halle de Rive S. 83
154 [L9] Fnac S. 84
155 [J8] L'Oreille Cassée S. 84
156 [I13] La Ligne – BD ART Gallery S. 84
157 [J8] Librairie Cumulus S. 84
158 [K12] Librairie Cupidon S. 84
159 [J9] Librairie Le Rameau d'Or S. 84
160 [J10] musics S. 84
161 [K9] Payot Libraire (1) S. 84
162 [J7] Payot Libraire (2) S. 84
163 [I14] Brönnimann & Fils S. 84
164 [J13] Chocolats Rohr (2) S. 84
165 [G15] La Praille Centre Commercial S. 84
166 [I14] Martel Chocolatier (2) S. 84
167 [I13] Philippe Pascoët S. 84
168 [I13] Teo Jakob S. 84
169 [I13] Wolfisberg S. 84
170 [J6] Cornavin S. 114
171 [K9] Mont-Blanc S. 114
172 [H8] Seujet S. 114
173 [K8] Genève Tourisme S. 116
174 [L9] Pavillon Touristique du Jardin Anglais S. 116
175 [K7] Dialogai S. 118
176 [J11] Le Déclic Bar S. 119
177 [M9] Nathan S. 119
178 [K9] Franz Carl Weber S. 119
179 [M8] Les Corsaires S. 119
180 [L9] Minitrain-Touren (1) S. 119
181 [K8] Minitrain-Touren (2) S. 120
182 [J11] Théâtre des Marionettes de Genève S. 120
183 [K7] Centre Médical du Léman S. 120

184 [K11] Hôpitaux Universitaires de Genève (HUG) S. 120
185 [K12] Kinderklinik S. 120
186 [J7] Medbase Genève Gare Cornavin S. 120
187 [I9] CitySmile S. 120
188 [J8] Dr. Dr. med. Stefan Hany S. 120
189 [J7] Amavita S. 120
190 [K12] Pharma24 S. 120
191 [J7] Polizeiwache Cornavin S. 121
192 [K7] Polizeiwache Pâquis S. 121
193 [K7] Hôtel des Postes S. 122
194 [J6] Montbrillant S. 122
195 [J7] Genèveroule – Arcade Montbrillant S. 122
196 [Q6] Tropical Geneva S. 123
197 [K8] Keytours S. 124
198 [K8] CGN S. 124
199 [L8] Swissboat S. 124
200 [N8] Float Inn S. 126
201 [K8] Hôtel d'Allèves S. 126
202 [K6] Hôtels Drake-Longchamp S. 126
203 [I14] Auberge Communale S. 126
204 [K6] Hôtel Auteuil S. 127
205 [I8] Hotel de Genève S. 127
206 [I8] Hôtel des Tourelles S. 127
207 [L7] Hôtel Edelweiss Manotel S. 127
208 [K6] Hotel Jade S. 127
209 [J11] Hôtel La Cour des Augustins S. 127
210 [L4] Hôtel Mon-Repos S. 127
211 [I10] Hôtel Étoile S. 127
212 [N10] Hôtel Pax S. 127
213 [J7] Hôtel Suisse S. 127
214 [I8] Ibis Genève Centre Gare S. 127
215 [F7] Meininger Hotel Genève Centre Charmilles S. 127
216 [K8] Torhôtel Genève S. 127
217 [L6] Auberge de Jeunesse S. 128
218 [K6] City Hostel Geneva S. 128
219 [K7] Hotel Paquis S. 128
220 [I15] Ibis Styles Carouge S. 128

Hier nicht aufgeführte Nummern liegen außerhalb der abgebildeten Karten. Ihre Lage kann aber wie die von allen Ortsmarken im Buch mithilfe der Web-App angezeigt werden (S. 144).

Mit dem Raddampfer über den Genfersee *(s. S. 124)*

108ge Abb.: mb

Genf, Umgebung

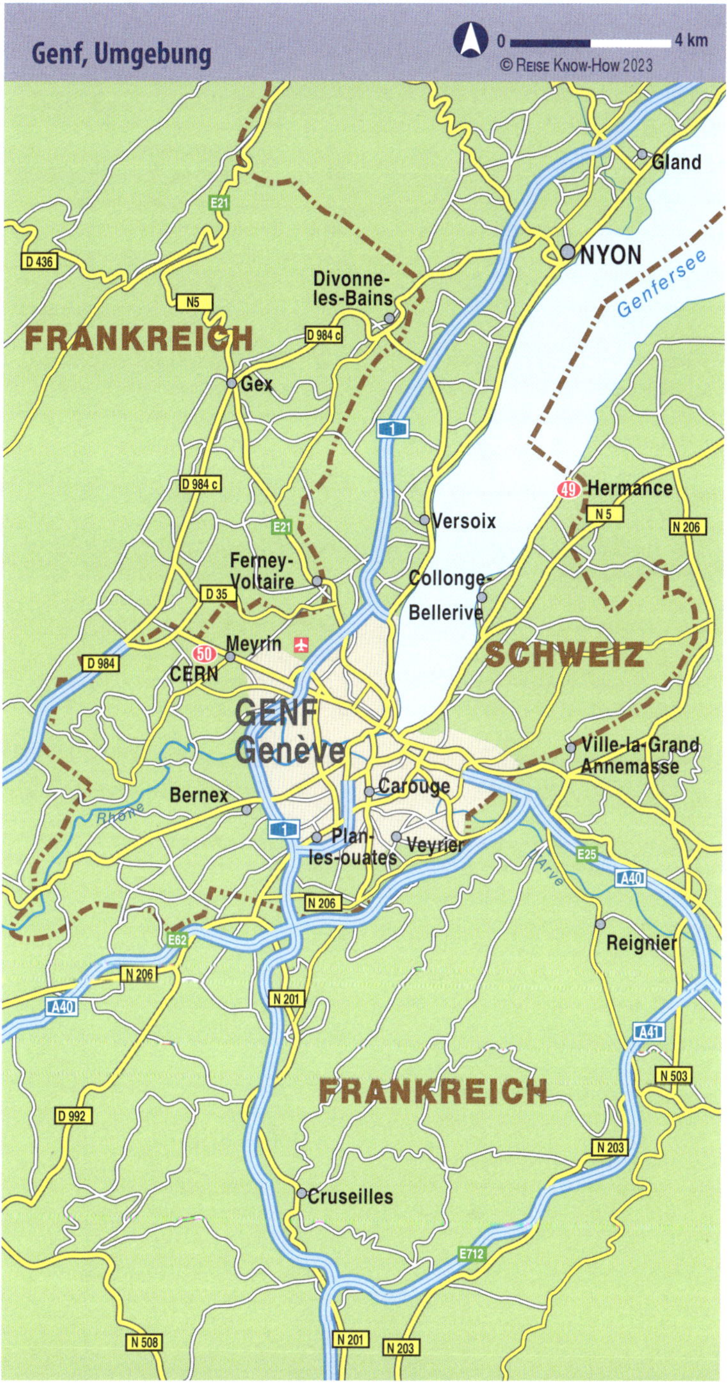

Genf mit PC, Smartphone & Co.

QR-Code auf dem Umschlag scannen oder **www.reise-know-how.de/citytrip/genf23** eingeben und die **kostenlose Web-App** aufrufen (Internetverbindung zur Nutzung nötig)!

★ **Anzeige der Lage und Satellitenansicht aller** beschriebenen Sehenswürdigkeiten und weiteren Orte
★ **Routenführung** vom aktuellen Standort zum gewünschten Ziel
★ **Exakter Verlauf** des empfohlenen Stadtspaziergangs
★ **Audiotrainer** der wichtigsten Wörter und Redewendungen
★ **Updates** nach Redaktionsschluss

GPS-Daten zum Download

Die GPS-Daten aller Ortsmarken und des Spaziergangs können hier geladen werden: www.reise-know-how.de, dann das Buch aufrufen und zur Rubrik „Datenservice" scrollen.

Stadtplan für mobile Geräte

Um den Stadtplan auf Smartphones und Tablets zu nutzen, empfehlen wir die App „Avenza Maps" der Firma Avenza™. Über die Funktion „Store" kann die „Citymap Geneva 2023" kostenlos geladen werden.

Zeichenerklärung

- Sehenswürdigkeit
- Arzt, Apotheke, Krankenhaus
- Bar, Bistro, Klub, Treffpunkt
- Bibliothek
- Café
- Denkmal
- Galerie
- Geschäft, Kaufhaus, Markt
- Hotel, Unterkunft
- Imbiss, Bistro
- Informationsstelle
- Jugendherberge, Hostel
- Kirche
- Kneipe, Biergarten
- Leuchtturm
- Museum
- Musikszene, Disco
- Parken
- Polizei
- Post
- Restaurant
- Sonstiges
- Sport-/Spieleinrichtung
- Synagoge
- Theater
- Vegetarisch
- Weinlokal
- Schiffslinien
- Staatsgrenze
- Straßenbahnhalt

- Stadtspaziergang (s. S. 12)
- Shoppingareale
- Gastro- und Nightlife-Areale

Bewertung der Sehenswürdigkeiten

- ★★★ auf keinen Fall verpassen
- ★★ besonders sehenswert
- ★ wichtige Sehenswürdigkeit für speziell interessierte Besucher